永定路学区名师系列丛书

聚焦核心素养 细品精彩课堂

——永定路学区区级学科带头人、
骨干教师课堂教学优秀案例集

王红艳 主编

首都师范大学出版社
CAPITAL NORMAL UNIVERSITY PRESS

图书在版编目(CIP)数据

聚焦核心素养　细品精彩课堂:永定路学区区级学科带头人、骨干教师课堂教学优秀案例集 / 王红艳主编. —北京:首都师范大学出版社,2017.7(2018.12重印)
ISBN 978-7-5656-3663-9

Ⅰ.①聚⋯　Ⅱ.①王⋯　Ⅲ.①课堂教学－教学研究－中小学
Ⅳ.①G632.421

中国版本图书馆 CIP 数据核字(2017)第 155094 号

JUJIAO HEXIN SUYANG　XIPIN JINGCAI KETANG

聚焦核心素养　细品精彩课堂
——永定路学区区级学科带头人、骨干教师课堂教学优秀案例集

王红艳　主编

首都师范大学出版社出版发行	
地　址	北京西三环北路 105 号
邮　编	100048
电　话	68418523(总编室)　68982468(发行部)
网　址	www.cnupn.com.cn
印　刷	河南省新乡六通实业有限公司
经　销	全国新华书店
版　次	2017 年 7 月第 1 版
印　次	2018 年 12 月第 2 次印刷
开　本	710mm×1 000mm　1/16
印　张	14
字　数	270 千
定　价	29.00 元

版权所有　违者必究
如有质量问题　请与出版社联系退换

编委会名单

主　编　王红艳

副主编　李冬梅　徐平政

编　委　（以姓氏笔画为序）
　　　　　王红艳　包义金　江宏杰　李凤旗　李冬梅
　　　　　张　薇　张红健　陈丽娜　尚玉红　赵国洋
　　　　　郝　佳　荣继军　徐平政　黄燕舞

前　言

为提升义务教育学校教育教学质量，强化教师的教学能力，海淀区教委在2016年开展了区级学科带头人、骨干教师教学能力培训展示活动，以活动促培训，锤炼骨干教师队伍，发挥骨干教师示范和引领作用。

通过校级展示、学区级展示，永定路学区24名中小学学科骨干教师从层层选拔中脱颖而出，代表学区、学校参加了海淀区的展示活动。

这24名骨干教师按展示要求努力备战，以饱满的激情、昂扬的斗志、坚强的毅力、务实的精神参与其中，从选课、备课、上课、磨课、录课、截取视频、准备说课稿、做说课PPT……精益求精，加班加点，马不停蹄。一分耕耘，一分收获，教师们在说课展示活动中设计精心、课件精美、板书精炼、语言精准，演绎出教学的精彩！他们充分地体现了永定路学区骨干教师扎实、专业的教学基本功。

行是知之始，知是行之成。为充分发挥骨干教师引领辐射作用，学区收录了骨干们参加区级展示的教学设计及教学反思，并邀请学科专家进行了深度点评。在本书中，我们可以看到骨干们本着"以生为本"的理念，充分把握学生学习的起点与需求，针对不同的学生、不同的学习内容，运用适合的教学策略。从学生发展的角度出发，引导他们进行深度的学习，逐步培养学生核心素养，落实立德树人，促进学生全面发展。每份教学设计均展示了骨干们自身扎实的专业功底，对教育事业执着的理想与信念。真心希望骨干老师们勇于担当，做学校发展的中坚力量，主动成为学校教师队伍的"领头雁"，用优秀引领优秀，用经验带动经验。且行且进，由此踏上研究型教师的实践之路。

作为学区，我们要充分发挥统筹服务的职能，不断加强骨干教师队伍建设，加大教育教学领军人物和名师团队的培养力度，营造优秀教师成长的浓郁氛围。多方创造条件，为老师们交流分享、成果输出搭台铺路，促进教师专业发展，助力教师成长，提升区域教育品质。

永定路学区管理中心

2017 年 3 月

目 录

语文

《冬天是个魔术师》教学设计 …………………………… 金　璐(1)

《马拉松》教学设计 …………………………………… 丁玉茹(13)

《墨竹图题诗》教学设计 ………………………………… 蒋　丽(23)

《十五从军征》教学设计 ………………………………… 张萍萍(32)

《记叙中结合抒情议论》教学设计 ……………………… 刘春芳(40)

数学

《时间与数学》教学设计 ………………………………… 张　薇(47)

《不确定性》教学设计 …………………………………… 黄燕舞(55)

《尝试与猜想》教学设计 ………………………………… 高红梅(65)

《从分数到分式》教学设计 ……………………………… 赫秀辉(77)

《相似三角形应用举例》教学设计 ……………………… 张蓝心(85)

英语

《Happy Holidays》教学设计 …………………………… 陈微微(96)

《Animals》教学设计 …………………………………… 王宏振(107)

《How do you make a banana milk shake?》教学设计 ……… 李玉华(117)

体育

《发展跳跃能力的练习与游戏》教学设计 ……………… 马　捷(126)

1

《发展跳跃能力的练习与游戏》教学设计 ………………………… 林　辉(134)

音乐

《晚会》教学设计 ………………………………………………… 刘颖涛(141)

如戏如歌：龙里格龙 ……………………………………………… 杨　杉(152)

《劳动号子》教学设计 …………………………………………… 史艳静(160)

科学

《电能与太阳》教学设计 ………………………………………… 石新妹(168)

美术

《早餐》教学设计 ………………………………………………… 周雪清(178)

化学

《金属的化学性质》教学设计 …………………………………… 江宏杰(186)

心理

《做更好的自己》教学设计 ……………………………………… 林　洁(193)

品德与社会

《大家的事情大家做》教学设计 ………………………………… 杨　静(201)

信息技术

《网页的页面布局》教学设计 …………………………………… 李春雨(210)

语文

《冬天是个魔术师》教学设计

北京市海淀区图强第二小学 金 璐

学科：语文　　学段：第一学段　　年级：一年级　　教材：北师大版

一、指导思想与理论依据

一年级是小学生学习生涯的起航阶段，而识字写字是第一学段的重点，又是阅读和写作的基础，作为一年级的语文老师，我们有责任和义务，引导学生将这第一步走稳、迈实。

《冬天是个魔术师》是一篇充满童趣的阅读材料，它语言优美、结构完整、意境丰厚。我觉得通过教与学的设计能让师生自然而然地走进课文的意境，身临其境地阅读，恰到好处地识字。基于此，我的教学设计以"运用文本意境，营造阅读心境，抓住故事情境，巧妙识字学词，拓展想象空间，启迪多元思维，激活学习兴趣，提升学习效果"为核心，力求促进学生自主发展，提升学生的人文底蕴，让他们喜欢阅读、爱上识字，掌握方法，感受乐趣。因此，我将此次说课的题目定为"创意境巧识字，品词句悟文意"。

二、教学背景分析

（一）文本分析

1. 位置及作用

北师大版教材的特点是突显单元主题情境。第十五单元以"冬天"为主题，编选了两篇主体课文。

第一篇《冬天是个魔术师》，以冬天的自然变化为依托，用魔术的形式描绘出冬天的美与奇。（童话）

第二篇《雪地里的小画家》，以"雪中无意的印记"为线索，用图画的形式描绘出冬天的奇与趣。（儿童诗）

语文天地：《九九歌》，以农谚的形式总结不同节气事物的不同变化。（农谚）歌颂劳动人民的智慧与知识；《梅花》，以"梅花独立雪中，香自来"用借物

喻人的表达方法，展现了王安石的傲骨与坚忍。（古诗）

2. 编写意图

"冬天"这一单元，以不同时期，不同题材的四篇文章构成，展现出冬之美，物之趣，人之智，德之尚。以此来丰富冬天的主题。

《冬天是个魔术师》是本单元的开篇之作，运用拟人的手法，以生动的语言，描绘出冬天的自然变化。引领师生一起走进冬天的意境，感受冬之美，为有效的学习奠定基础。

3. 解读课文

(1)从内容上看：课文以冬天里的自然变化为依托，用魔术的形式描绘出冬天的美与奇。

(2)从结构上看：课文分为5个自然段，运用分总结构和重复段式强化主题。

(3)从情感上看：本文描绘了冬天有趣的变化，激发学生对冬天的热爱。

(二)学情分析

1. 学生已具备能力

通过4个月的教学，本班学生已具备一定的识字量，初步学会了一定的识字方法。大部分同学能运用看图、随文听读、拼读音节等多种方法识字。并能初步运用"数笔画、加一加、减一减、换一换、归类法"来记住字形。大部分学生能在老师的引导下读准字音、读好句子。

2. 学生待发展目标

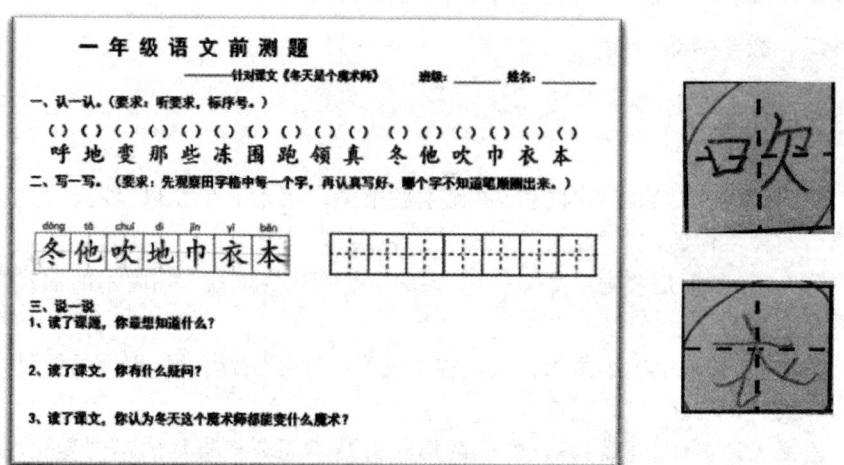

根据前测，我发现本班有9％的学生不能独立正确朗读全文，就字音方面，"呼""变""些""冻""领"是重点难认的字，写字方面，有54％的学生不知道"衣"字的笔顺，捺的书写有错误，书写不美观，需要重点强化，30％的学生"吹"字的书写有错误，将"横钩"写成了"横折钩"，结构掌握得不好。

内容方面，27％的学生不知道为什么呼地一吹动物都没了；55％的学生不明白为什么呼地一吹湖面就变成了大玻璃；58％的学生不知道叶子冻在已经结冰的湖面里是什么样。

(三)说策略

1. 教法

(1)随文识字策略；(2)激励评价策略；(3)媒体辅助策略；(4)情境阅读策略。

2. 学法

教学中充分调动学生积极性，引导学生多种方法识字，凸显低年级识字教学为重点，体现有趣、有法、有效的识字方法。在教学过程中运用自主学习、合作探究两种学法。引导学生自主识字，自读体会，培养自学能力。并采用生生、师生互动的形式，让学生多方位地"听、说、读、想、问、评、议"，在合作探究中提高能力。

三、教学目标

1. 从整体入手，创设情境，使学生正确、流利、有感情地朗读课文，让学生爱上冬天、喜欢自然。

2. 运用多种方法认识16个生字，指导书写3个字。

3. 拓展文本，展开想象，以冬天为主题，拓宽学生的思维，让学生更深入地认识冬天，了解自然规律。

其中把识好字，写好字作为教学重点，拓宽学生的思维，让学生更深入地认识冬天，了解自然规律作为教学难点。

四、教学过程

(一)情景引入，揭示课题

1. 展示魔术，进入角色。

2. 揭示课题，明确主题：冬天是个魔术师。

这位魔术师变出了哪些神奇的魔术呢？

【设计意图】以学生亲自表演魔术为切入点，带领学生进入角色，在活动中识字，揭示课题，激发其探索欲望，走进文本情境。

(二)整体感知，初读课文

1. 老师范读

2. 通读(借助拼音读正确)

(1)借助拼音自由朗读课文。

(2)将课文标好自然段号。

反馈：用手势告诉老师课文有几个自然段。

3. 评读(互帮助明任务)：借助拼音读正确认字表、写字表中的字，再与同桌合作读一遍课文。

(课件：出示课文"认字表、写字表"中的字，并附带拼音)评价标准：全读对了在4颗星后面打√。同伴帮助下读对的在3颗星后面打√。

【设计意图】此环节以教师范读展开，学生互学、进而进行评中强化。让学生听朗读，看画面，整体进入情境，设计不同目的、不同层次的两遍朗读，第一，通读。意在注重培养学生借助拼音独立识字的能力，体现自主学习。第二，评读。意在合作中互检字音，明确评价标准，互助学习，借助拼音读准重点识记的生字，这是明确识字任务的读。

(三)创设情境，读文识字

1. 学习第一自然段

1)以图引文，正确读文。

2)随文识记"呼""吹"。

(1)听声音、学词语。

师：你们听，这是什么声音？

预设：风吹的呼呼声。

师：冬天是个魔术师，他呼地一吹就变了魔术。快来读读这个词语：呼地一吹。引导学生根据自己的感受读出个性：你为什么这么读？

预设：①魔术师变魔术时吹得很快，所以我这么读。②我觉得冬天的风很大、很强，所以我这么读。

(2)对比识字，学习"呼"和"吹"。

师：大家看"呼"与"吹"有什么相同点？

预设：都有"口"字旁。

引导：假设你就是这个魔术师，加上动作读一读。

师：谁能把这神奇的一幕读给大家听？

评价：这位小魔术师真神奇，呼地一吹这些小动物都变没了。

3）补充资料、突破难点。

师：为什么这些小动物们都变没了？

预设：这些小动物都去冬眠了。

教师补充冬眠的资料。

4）师生合作读好第一段。

【设计意图】引导学生读中识字，学会方法，注重体验，读出个性，适当的补充资料，解决前测中学生不理解的问题。从大语境整体感知，到小语境学词识字。

2. 学习第二自然段

1）学生合作读文。

2）读准多音字。

(1)读词语、借拼音识字。（呼地一吹、大地）

(2)变红"地"字，指导学生在句子中读准字音。

3）借助图画、读出感受。

师：我们一起看看冬天这个魔法师是怎么让大地一会儿就变白了的呢？

（雪花一片片纷纷扬扬地从天而降，从开始的一点，逐渐越来越多，皑皑白雪漫天飞舞，美丽的雪花，在空中翩翩起舞，不一会儿大地就变白了）

师：谁能再把这神奇的一幕读给大家听？

【设计意图】运用第一自然段的学习方法，合作学习第二自然段，借助语境读准多音字，再借助图画，感受冬天银装素裹的美丽景色，读出感受。

根据前测我发现大部分学生不知道"为什么呼地一吹湖面就变成了大玻璃。以及叶子冻在玻璃里什么样？"基于此，采用了以下三个环节突破难点。

3. 学习第三自然段

1）出示画面、找到段落。

师：文章中哪个自然段描写的是这幅图的情景？大家快读一读第三自然段。

2）提出问题、解释现象。

师：读了这段你有什么问题吗？

预设：为什么湖面变成了大玻璃？叶子冻在玻璃里是什么样子的？

学生互相讨论，解答问题。

随文识字"冻"。

3)借助画面、读出感情。

师：湖面结冰后是什么样的呢？我们一起来看看。

（课件：视频播放湖面的变化）

枫叶纷纷飘落在湖面上，红的、黄的，在湖面泛起点点涟漪，冬天是个魔术师，他"呼"地一吹湖面结冰了，就像一块大玻璃，红色、黄色的叶子冻在玻璃里，就像一幅精美的画。这幅画真美呀！

师：谁想把这神奇的一幕读给大家听一听？

【设计意图】第三自然段是文章的重点也是难点，用以上步骤展开学习，意在让学生了解水结冰的自然现象，感受湖面结冰后的另一种美。创设情境引出段落，引导学生想象图画，心中有文字。引导学生在情境中随文识字，读准，读美，入境读出情趣。

4. 学习第四自然段

1)借助画面，读句学词。

2)字理识记"衣"字。

金文　　小篆　　楷书

5. 整体感知，巧识字

1)师生接读课文。

2)师：冬天这个魔术师变了几次魔术？都变了哪些魔术呢？

预设：小动物变没了，把大地变白了，湖面变成了大玻璃，人变胖了。

板书：无—有，有—无，水—冰，瘦—胖。

预设：其实都是冬天到了，发生的自然现象。

教师总结：冬天的本领真大呀！学习"本领"，贴板书。

(四)展开想象，丰厚主题

1. 冬天这个魔术师还能变什么魔术呢？

用这样的句式练习造句：冬天是个魔术师，他"呼"地一吹，＿＿＿＿＿＿
＿＿＿＿。（视频展示）

2. 练习句式，表达感受

冬天的本领真大呀！你能用这样的句式说说你对冬天的感受吗？

＿＿＿＿＿真＿＿＿＿＿呀！

【设计意图】不仅在阅读中夯实学生的识字效果，更注重通过识字促进阅读理解。同时引导学生借助自我的生活情景展开想象，进行语言补白。学语言，用语言，在识好字的基础上，学生将阅读与生活链接，训练其语言表达，从而培养他们的语文思维素养。

(五)集中复现，巩固识字

1. 出示词语读一读。

2. 出示生字查一查。

悄悄话游戏，同桌互相说一说。

3. 字形魔术变一变。

加一加、减一减、换一换。

4. 课中早操做一做。

课中操活动，学生快乐动一动。

【设计意图】在课中操欢快的音乐中，我将学生带入情境之中，既是放松，又和课文的主题相关。脱离语境，创设趣境，根据"艾宾浩斯遗忘曲线"的记忆规律，此时将生字进行集中复现。字形小魔术既是课后的练习，也是学生熟悉的、喜欢的识字方式。通过充满趣味的活动，激发学生的学习兴趣，渗透识字方法，巩固识字效果。

(六)以生为本，指导写字

在写字环节强调观察，重点强调关键笔画在田字格中的关键位置，如"吹"字指导横钩写规范，观察左窄右宽的结构特点。"衣"字的笔顺是重点，引导学生观察起笔位置、笔画捺的书写，指导写正确。

借助金钥匙中的方法指导学习：使学生有法可依，再学习"衣"时，看清每一笔是什么，每一笔写在哪，每一笔要写规范。起笔位置是关键，相连笔画是关键，重要笔画写舒展。

【设计意图】依据前测学生出现的问题，有针对性地进行指导，培养学生的观察能力。在写字环节中，借助金钥匙指导写字，让学生有法可依，体现以生为本，满足需求，有效指导。

(七)板书设计

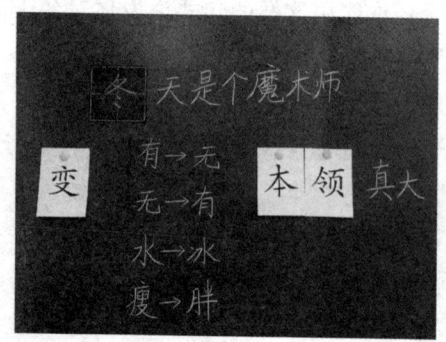

五、学习效果评价设计

1. 课内学习效果评价

教学各环节中体现"学习—训练—反馈—评价"相辅相成,以此实现减轻学业负担的目的。

2. 反馈单

冬天是个魔术师　　　　　　　　　　班级：____　姓名：____

我的☆有(　　)颗

一、我会拼。(借助拼音读认字表、写字表中的字,再同桌合作读一遍课文。)

评价：都读对了在5颗星后面打√。

同伴帮助下读对的在4颗星后面打√。

☆☆☆☆☆　　(　　)
☆☆☆☆　　(　　)

二、我会写。

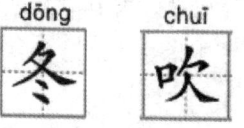

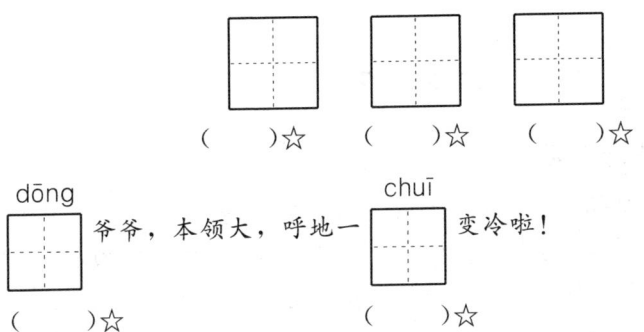

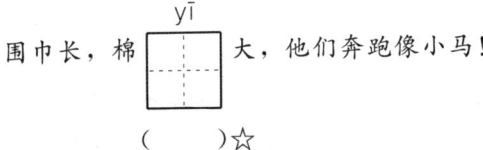爷爷,本领大,呼地一变冷啦!

天寒地冻飘雪花,那些娃娃真不怕。

围巾长,棉大,他们奔跑像小马!

六、教学设计特色说明

1. 针对前测,教学有的放矢。做符合认知规律的教学。引导学生多种方法识字,注重激发识字兴趣,教给孩子识字方法,培养识字能力,提高识字效率。把识字教学整合在阅读教学的各个环节中,让识字教学生动有趣,有实效,在复现中巩固识字。

2. 利用图画创设情景,做情趣盎然的识字教学。依据文本采用生动画面激发学生的学习兴趣,让学生始终处于情境之中,趣味识字。

3. 在语文课学习过《冬天是个魔术师》后,我带领学生走进美术课堂,他们拿起彩笔,将冬天神奇的变化用五彩斑斓的图画记录下来,并尝试用文本中的语言和句式介绍了自己的图画作品。通过冬天这个魔术师变出的魔术,学生表达自己的感受。音乐课上,学生们学唱了《九九歌》,在歌词和音乐中感受着冬天神奇的变化。阅读课上,我们为学生分享了关于描绘冬天的绘本,丰富孩子们的阅读。跨学科整合活动,让学生在诗情画意中感受文字的魅力,在悠扬的歌声中感受冬天的神奇,在绘本阅读中提升人文底蕴。

教学反思

一、本节课的成功之处

1. 本节课体现"创意境巧识字,品词句悟文意"的教学理念。教学中充分调动学生积极性,引导学生多种方法识字。凸显低年级识字教学为重点,体现"有趣、有法、有效"的识字方法。以识字夯实基础,以阅读促升能力,在教学过程中运用自主学习、合作探究两种学法。引导学生自主识字,自读体会,培养自学能力。并采用生生、师生互动的形式,让学生多方位地"听、说、读、想、问、评、议",在合作探究中得到提高。一读音正,多种方法巧识字,读准读顺。二读味美,品词句,感受冬天的本领大。三读意深,读出感情,尝试想象不败,交流感受、学会表达自己的生活和情感。针对前测,教学有的放矢。做符合认知规律的教学。引导学生多种方法识字,注重激发识字兴趣,教给孩子识字方法,培养识字能力,提高识字效率。把识字教学整合在阅读教学的各个环节中,让识字教学生动有趣,有实效,在复现中巩固识字。

2. 展开想象,丰厚主题。"教学不仅仅是一种告诉,更多的是学生的一种体验、探究和感悟。"利用图画创设情境,做情趣盎然的识字教学。依据文本采用生动画面激发学生的学习兴趣,让学生始终处于情境之中,趣味识字。我注重强化学生的积累意识,引导学生尝试仿说,在具体的语言环境中体现学以致用。交流感受、学会表达自己的生活和情感。我在课堂上充分尊重孩子,给他们时间,课堂上一定会呈现他们精彩的思考。这点收获主要源于本节课的最后一个拓展环节。我们要在备课时想办法让语文走出去,让孩子们的思想打开来。孩子们在阅读中不仅感受到冬天的美,还了解到冬天的特点,大自然神奇的变化。因此,我设计了最后一个环节,引导学生展开想象,冬天是个魔术师,他呼的一吹,_____。孩子们根据自己平时的观察,生活的积累,用自己的语言表达了春天的美丽与神奇,孩子们的智慧之窗一下子被打开了。

梁熙研:冬天是个魔术师,他"呼"地一吹,树叶啊,小草啊,小花啊,都变没了。

李梦杨:冬天是个魔术师,他"呼"地一吹,房屋都变白了。

程宇涵:冬天是个魔术师,他"呼"地一吹,雪人就跑出来和我们做游戏啦。

水天伊:冬天是个魔术师,他"呼"地一吹,朵朵梅花傲立雪中。

左子玉：冬天是个魔术师，他"呼"地一吹，我们的小手和小脸都变红了。

……

这次仿说，不仅锻炼了学生的语文表达能力，也让我更加明白：教学不能拘泥于课本，应该让学生把目光转向更广阔的生活中去，引导学生交流、表达自己的生活和情感。在语文课学习过《冬天是个魔术师》后，我带领学生走进美术课堂，他们拿起彩笔，将冬天神奇的变化用五彩斑斓的图画记录下来，并尝试用文本中的语言和句式介绍了自己图画中。通过冬天这个魔术师变出的魔术，学生表达自己的感受。音乐课上，学生们学唱了《九九歌》，在歌词和音乐中感受着冬天神奇的变化。阅读课上，我为学生分享了关于描绘冬天的绘本，丰富孩子们的阅读。跨学科整合活动，让学生在诗情画意中感受文字的魅力，在悠扬的歌声中感受冬天的神奇，在绘本阅读中提升人文底蕴。

二、需要改进之处

1. 检测生字、词语的掌握情况时应注意"跳读"。因为在教学中，学生会按照课文的顺序把生字或者词语背诵下来。把生字从课文中单拿出来的时候，有的学生就不认识了。所以我创设新的语言环境，帮助学生进行巩固识字，做到真正地认识，而非机械地记忆。使他们既能单独认识，回到文中、句中也认识。

2. 本节课，在识字教学中，我忽视了对"啊"字变音后的读音指导，在前测中应针对学生的学习难点分析，反思怎样引导学生突破难点，掌握得更牢固，有待进一步思考与实践。

我会在今后的语文教学中继续努力、改进。

专家点评

本教学设计从学生"学"的角度安排教学过程，凸显了第一学段语文教学的特点。

一、多种方法，引导学生自主识字

本教学设计遵循第一学段学生的特点，采用随文识字的方法，利用多种形式创设生动有趣的教学情境，激发学生兴趣盎然地参与识字活动。教学中注重教给识字方法，注重引导自主识字，培养识字能力，提高识字效率。教学中一改以往识字教学的重复读、简单写、机械记忆等做法，采用生生、师生互动的形式，让学生多方位地"听、说、读、想、问、评、议"，使学生在用心看，动脑想，动手实践的探究活动中，不但认识汉字，学习识字方法，而且感受到汉字文化的源远流长。

二、基于前测，有目的地指导学习

本教学设计是基于对学生情况的前测。教学时依据前测中学生的问题，有针对性地进行指导，注重学生学习的真实收获。

针对前测，教学有的放矢。就字音方面，重点是指导读好几个难认的字。而写字环节则重点指导几个关键笔画，同时强调观察，特别是观察关键笔画在田字格中的位置。通过观察学生体会了汉字的穿插避让，感受到汉字的形体美。指导学生书写时，让学生有法可依，使学生能够按照规范要求认真写好汉字。

三、恰当活动，启迪思维丰富感受

恰当的活动对于第一学段学生的学习来说是很有必要的。本节教学设计了丰富多彩的活动，有各种读的活动：读词、读句、读课文；有合作学习的活动：同桌评读，在合作中互检字音，生生合作、师生合作读书等；有口语表达的活动：练习把一句话说完整；还有想象、写字、课中操等多种活动。恰当的活动有利于激发学生的学习兴趣，有利于调动学生的多种感官参与学习。活动的过程就是学生学习的过程，既学习知识又增添情趣，既丰富感受又启迪思维。学生们在活动中，动脑、动口、动手，真正实现了学有所获的目标。

点评人：唐富春（东城区教师研修中心特级教师）

《马拉松》教学设计

北京教育学院附属海淀实验小学　丁玉茹

学科：语文　　学段：第二学段　　年级：三年级　　教材：北师大版

一、指导思想与理论依据

《义务教育语文课程标准（2011年版）》指出："语文是实践性很强的课程，应着重培养学生的语文实践能力，而培养这种能力的主要途径也应是语文实践。"建议我们"努力体现语文的实践性和综合性，重视培养学生的创新精神和实践能力"。因此，在教学《马拉松》一课时，我精心设计学习活动，引导学生通过品读词句感悟精神，联系生活想象画面，互文阅读学习概括，读写结合促进表达等方法突出重点，突破难点，实现对文本的理解。

二、教学背景分析

（一）教材分析

《马拉松》是北师大版语文三年级上册第11单元"通讯"中的第二篇主体课文。这是一篇说明文，可以分为两部分，第1—3自然段写两千五百年前发生在马拉松的一个故事，第4、5自然段写马拉松项目。旨在让学生了解马拉松项目的由来、意义，在领会奥林匹克精神的同时感受通信技术的发展。

课后问题是让学生体会奥林匹克精神的内涵，进一步挖掘人物品格特点，借助语文天地仿写句子练习，进一步加深体会。

（二）学情分析

学生进入三年级，初步学会了默读，能借助字典、词典、联系上下文和生活实际理解词句意思。他们能积极搜集资料帮助学习，并对不理解的地方提出质疑。

在第一课时，学生初读课文，学习生字新词，初步了解课文的主要内容，积极搜集资料了解马拉松运动项目，提出问题。

(三)学情前测及分析

学情前测

1. 阅读课文回答：以下年代各发生了什么事？请写在横线上。
2500 年前：_____
1896 年：_____
1920 年：_____
2. 阅读课文，补充完整。
纪念_____，因为_____；纪念_____，因为_____；所以奥林匹克运动组委会把从马拉松跑到雅典作为一个比赛项目。3. 我还有不懂的问题是：_____

在回答纪念马拉松之战和菲比利斯英雄人物原因的时候，72.8％的学生只能摘录文中相关句子说出纪念的内容，并不能说出纪念背后的深刻含义；20.1％的学生能够抓住一些关键词回答部分原因；7.1％的学生不会作答。

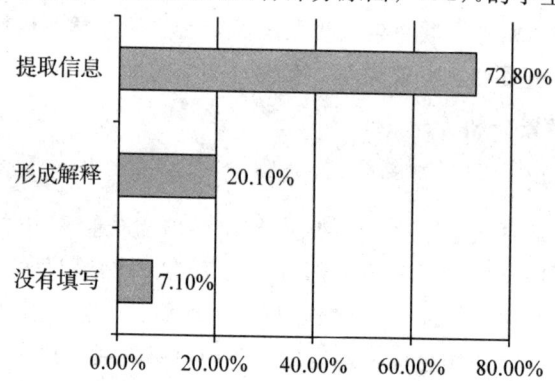

学生们的提问主要集中在两个方面：
1. 为什么希腊的一万人战胜了波斯帝国的十万大军？
2. 人们为什么要纪念菲比利斯？

由以上分析可以看出，学生的学习困难点在于：不明白马拉松运动项目的意义，不明白文中人物的品格精神。

因此，引导学生了解马拉松运动的意义，领会精神层面的含义将是本节课教学重点。

(四)方法与策略

我班学生喜爱阅读，思维活跃，能够主动搜集资料帮助学习。因此在这节课上我设计引导学生通过品词品句、版图对比、数字比较、想象画面、体会读文等方法帮助学生理解马拉松运动的意义。

三、教学目标

1. 教学目标

(1) 朗读课文,结合上下文理解"决战、奋起反抗、筋疲力尽"等词语在文中的意思。

(2) 理解马拉松运动的意义,感受奥林匹克精神,培养学生坚持不懈,顽强拼搏的精神。

(3) 了解通讯的发展,仿照课文学习用"为了……终于……"句式写句子。

2. 教学重点

(1) 深入读文,结合上下文理解"决战、奋起反抗、筋疲力尽"等词语在文中的意思。

(2) 感受两个"纪念"的含义,理解英雄为国牺牲的行为和精神。

3. 教学难点

深入理解马拉松运动的意义,感受奥林匹克精神,培养学生坚持不懈,顽强拼搏的精神。

四、教学流程图

第一课时教学内容

初读课文,学习字词,搜集资料,提出问题。

第二课时教学内容

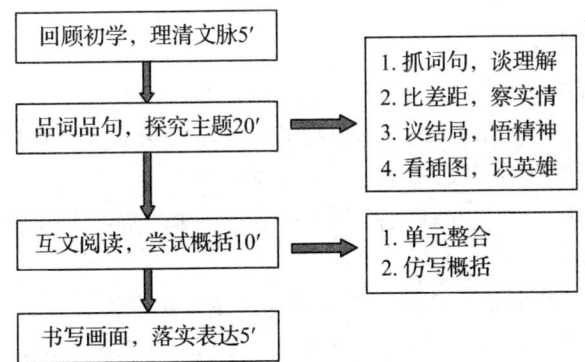

五、教学过程

(一)回顾初学,理清文脉

1. 复习词语

波斯帝国　希腊　侵略　奋起抵抗　大获全胜
菲利比斯　喜讯　同胞　筋疲力尽　伤痛　饥饿　疲劳
奥林匹克　项目　测量　距离　确定

观察:横、纵向各有什么特点?

2. 结合词语说一说课文写了什么内容?

3. 填写思维导图,说说马拉松的不同含义。

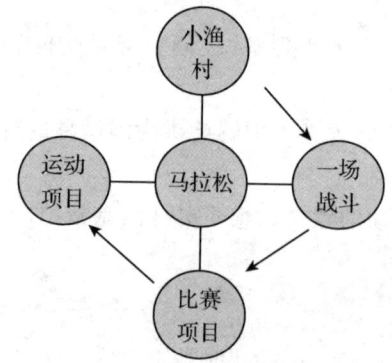

【设计意图】通过从战争、人物、奥运项目三个方面,师生分层复习词语回顾课文内容,观察词语横向、纵向特点理清文脉,运用思维导图梳理马拉松的不同含义。

(二)品词品句,探究主题

问题:马拉松赛跑为什么成为奥运会的比赛项目?

为了纪念马拉松之战,纪念那位把胜利喜讯带给人民的英雄,奥林匹克组委会决定把从马拉松跑到雅典作为一个比赛项目。

讨论1:为什么要纪念马拉松之战?哪一自然段解决了这个问题?

选词谈理解:

(1)抓词语,谈理解:选择一个你认为最重要的词语,谈谈理解。

(2)比差距,察实情:一比疆域差距,PPT出示两国地域版图,感受双方国力强弱;二比军队人数,了解当时希腊人民需要以一当十奋起抵抗的局面。

(3)议结局,悟精神:感悟希腊人民誓死保卫祖国的精神。

(4)看插图,识英雄:借助课文插图理解文字,认识英雄行为。

面对野心勃勃的波斯帝国的侵略,希腊人民团结一心,誓死保卫祖国,他们以一当十,奋力反抗,最终大获全胜!这是一场正义的战斗,所以要纪念马拉松之战。

【设计意图】抓关键词语谈感受,帮助学生理清对马拉松之战的认识,地域版图和数字的对比帮助学生进行印证,从而更深刻理解马拉松之战的意义。

讨论2:我们常见的英雄大多是战场上浴血奋战的人,而文中并没有写菲利比斯在战场上和敌人拼杀的内容。那为什么说菲利比斯是英雄?为什么要纪念英雄菲利比斯?

(1)默读思考

(2)抓词体会

为了把(　　)报告给首都雅典翘首以待的同胞,战士菲利比斯不顾(　　)、(　　)和(　　),从马拉松出发,向雅典跑去。他(　　)(　　),终于看到了雅典的大门。到达雅典的时候,他已经(　　),他(　　),向迎接他的人们高呼:"我们胜利啦!"随即(　　),再也(　　)。

(3)看插图发挥想象:菲利比斯遇到了哪些困难?(距离、伤痛、饥饿、极度疲劳)

(4)接读感悟(学生读表现菲利比斯状态、语言和动作的句子)

"为了把胜利的消息报告给首都雅典翘首以待的同胞,战士菲利比斯不顾伤痛、饥饿和极度疲劳,从马拉松出发,向雅典跑去。他跑啊,跑啊,终于看到了雅典的大门。到达雅典的时候,他已经筋疲力尽了,他用尽最后的力气,向迎接他的人们高呼:'我们胜利啦!'随即倒在地上,再也没有起来。"

(5)感悟精神

菲利比斯克服了常人无法想象的重重困难,最终把祖国胜利的消息报告给远方的同胞。为了传递祖国胜利的消息,他用尽自己最后一丝力气。他这种舍己为人、坚持不懈、顽强拼搏的英雄精神令人敬仰!他是雅典千千万英雄的代表,是民族精神的代表,是希腊人民以一万人战胜波斯帝国的十万大军的胜利法宝！所以人们要纪念英雄菲利比斯。

总结：马拉松之战和菲利比斯所体现出来的正义、坚持不懈、顽强拼搏的精神与奥林匹克精神相契合，所以人们把它确定为奥运比赛项目之一。

【设计意图】读文填空可以帮助学生借助关键词语感知人物品格，联系语句、借助插图展开想象，帮助学生深入理解英雄精神内涵，师生接读丰富学生对人物精神的认识。经过一系列的学习活动，帮助学生理解纪念英雄的原因。

(三)互文阅读，尝试概括

1. 单元整合

感受通信的发展：这个故事发生在2500年前，菲利比斯徒步奔跑40多千米传递胜利的消息，最后牺牲了。如果发生在今天，你用什么方法传递消息？

同学们说的所有方式都是人类不断探索、发明创造的结果。其中电话是一项重要的发明。

2. 仿写概括：阅读《电话的发明》，仿写句子。

"为了把胜利的消息报告给首都雅典翘首以待的同胞，战士菲利比斯不顾伤痛、饥饿和极度疲劳，从马拉松出发，向雅典跑去。他跑啊，跑啊，终于看到了雅典的大门。"

为了_____，贝尔_____，终于_____。

【设计意图】学生阅读《电话的发明》感受到通信技术的飞速发展，激发学生不断探索发明的热情。仿写练习促进学生思维发展，提高学生读写能力。

(四)书写画面，落实表达

1. 想象菲利比斯是怎样跑到雅典的，写一写。

为了把胜利的消息报告给首都雅典翘首以待的同胞，战士菲利比斯不顾伤痛、饥饿和极度疲劳，从马拉松出发，向雅典跑去。他跑啊，跑啊，_____

_____

_____

到达雅典的时候，他已经筋疲力尽，他用尽最后的力气，向迎接他的人们高呼："我们胜利啦！"随即倒在地上，再也没有起来。

2. 延伸：你知道每副对联说的是什么吗？

(1) 万里远牵乡国梦，一丝长系故人情。

(2)远近传书,温暖千家万户;早晚送报,沟通四面八方。
(3)日试万言无宿稿,风行四海尽新闻。
(4)无形无影传佳音八方同晓,隔山隔水奏乐曲四海皆闻。

【设计意图】为学生的言语实践活动搭设平台,读写结合落到实处。

(五)板书设计

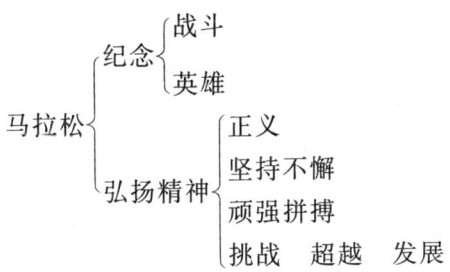

六、学习效果评价设计

1. 形成解释

纪念_____,因为_____;
纪念_____,因为_____;所以奥林匹克运动组委会把从马拉松跑到雅典作为一个比赛项目。

【评价标准】优:要点齐全,正确表达。良:缺少一个要点;表达比较正确。达标:缺少一个要点;表达基本通顺。

2. 提出问题

我的课前问题已经解决(是、否),我还想知道_____
_____。

七、教学设计特色说明

(一)品读词句感悟精神

本课设计从学生真问题出发,通过抓关键词句谈理解,观察地域版图对比实力理解马拉松之战是一场正义的战斗,借助课文插图展开想象,师生接读丰富人物精神,一步一步帮助学生理解纪念马拉松之战和英雄人物的意义。

(二)整合迁移发展思维

思维导图帮助学生梳理马拉松的不同含义,使学生对马拉松有更深层次的认识;整合单元内容,进行互文阅读感受通讯的发展,感受人类的智慧;巧妙借用《电话的发明》仿写句子概括内容,实现知识迁移;拓展学生思维宽度和深度。

总之，在本节课教学中，围绕语文核心素养，积极培养学生语言理解能力、语言运用能力、发展学生的思维能力。

教学反思

《义务教育语文课程标准(2011年版)》实施建议中指出：学生是语文学习的主体，教师是学习活动的组织者和引导者。因此在本节课中，我从学生的真问题出发，引导和组织学生在品读词句中感悟马拉松运动项目精神，在整合迁移中发展学生的思维能力。

一、关注学情，从真问题出发

《马拉松》是"通讯"单元中的第二篇主体课文。第1—3自然段写两千五百年前发生在马拉松的一个故事，第4、5自然段写马拉松项目。旨在让学生了解马拉松项目的由来、意义，在领会奥林匹克精神的同时感受通讯的发展，课后问题是让学生体会奥林匹克精神的内涵，进一步挖掘人物品格特点。

为了把握学生学习的真问题，我从提取信息、形成解释、提出问题三个方面进行了学情前测。其中，在测试学生能否理解文章内容，形成解释的题目"纪念_____，因为_____；纪念_____，因为_____。所以奥林匹克运动组委会把从马拉松跑到雅典作为一个比赛项目。"中，有72.8%的孩子只能摘录文中相关句子说出纪念的内容，并不能说出纪念背后的深刻含义，20.1%的孩子能够抓住一些关键词回答部分原因，7.1%的孩子不会作答。由此可知，学生并不理解马拉松运动项目的意义，不明白菲利比斯身上所体现出来的品格精神。因此，我将引导学生了解马拉松运动的意义、领会精神层面的含义作为本节课的教学重点。上课伊始，我直奔主题，围绕"为什么要纪念马拉松之战？为什么要纪念英雄菲利比斯？"两个主要问题引导学生开展学习。

在学习结束后，我又用此题进行了学习后测，结果显示94.6%学生理解了马拉松成为奥运比赛项目的意义，34%的孩子还想了解更多的通信方法，66%的孩子则想阅读更多介绍马拉松运动的资料。由此说明，本节课解决了学生的真问题，并激发了学生继续探索的兴趣。

二、品词品句，感悟精神

在引导学生探讨"为什么要纪念马拉松之战？为什么要纪念英雄菲利比斯"

两个主要问题时，我通过以下学习活动层层递进帮助学生解决问题：

(1)抓词语，谈理解：选择一个你认为最重要的词语，谈谈理解。

(2)比差距，察实情：一比疆域差距，PPT出示两国地域版图，感受双方国力强弱；二比军队人数，了解当时希腊人民需要以一当十奋起抵抗的局面。

(3)议结局，悟精神：感悟希腊人民誓死保卫祖国的精神。

(4)看插图，识英雄：借助课文插图理解文字，认识英雄行为。

学生通过抓关键词句谈理解，观察地域版图对比实力理解马拉松之战是一场正义的战斗，运用课文插图展开想象，体会菲利比斯为了传递战争胜利的消息克服重重的困难，感知英雄行为。借助师生接读丰满人物精神，表达对英雄人物的敬仰之情，一步一步帮助学生理解纪念马拉松之战和英雄人物的意义。

三、整合迁移，发展思维

在理解文本的同时，还要发展学生的思维。在整体感知课文内容时，我运用思维导图帮助学生梳理马拉松的不同含义：2500年前，马拉松是一个小渔村的名字；后来成为一场战役的名字；为了纪念菲利比斯和马拉松之战，它成为奥运会比赛项目的名字；发展到今天，马拉松又成为人们喜爱的一个运动项目的名字。这样使学生对课文、对马拉松有了更全面、更深层次的认识。

我还将单元内容进行巧妙整合，把语文天地中《电话的发明》引入本课，让学生进行互文阅读，感受通信的飞速发展变化，感受人类一直在不懈地追求与创新；巧妙借用仿写句子训练概括《电话的发明》内容，实现了知识的迁移，拓展了学生思维的宽度和深度。

总之，在本节课教学中，我努力围绕语文核心素养，积极培养学生语言理解能力和语言运用能力，发展学生的思维能力，让每一个学生都能学有所得。

专家点评

本教学设计力求体现培养学生的语言理解能力、语言运用能力及思维能力，符合第二学段语文教学的要求。

一、依据数据，分析学情，以学定教

教学之前教师进行了学情前测，从学情数据分析中找出了学生思维认知的盲区，制定出明确的教学目标、适宜的教学策略，使教学做到了以学定教，顺学而导。从教学后的学习后测结果来看，绝大多数的学生理解了马拉松成为奥运比赛项目的意义，还有更多的孩子或想了解其他的通信方法，或想阅读更多

介绍马拉松运动的资料。从中看出教师要做到以学定教，就要把学生真正放到学习的主体位置，进行有针对性的教学，定会激发学生的学习兴趣，从而迅速提高学习的效率。

二、品味词句，形成解释，发展思维

本教学设计重视对重点词句的品味，符合《语文课程标准(2011年版)》在第二学段中提到的："能联系上下文，理解词语的意思，体会课文中关键词句表情达意的作用。"对关键词句形成正确的解释，是学生整体感知文本内容、感受文章思想感情的基础。教师在教学中安排了几次对重点词句的品读，以发展学生的思维，帮助他们感知人物形象，深入理解英雄精神内涵。在学生对文本的感悟逐步加深的同时，形成解释的能力也得到了锻炼和提高。

三、资料引入，读写结合，整体提升

教学中教师运用多种方法，力求使学生的语文能力整体得到提升。如：通过对重点词语的品味，引导学生走进文本；利用思维导图，深入理解马拉松的不同含义；整合单元内容进行互文阅读，感受通讯的发展，激发学生不断探索的热情；巧妙借用《电话的发明》这篇文章，实现知识迁移，仿写句子概括内容，提高读写能力；想象练笔，为学生的言语实践搭设平台，使读写结合落到实处；适当引入课外资料，利用地域版图和数字的对比，帮助理清对马拉松之战的认识，也拓宽了学生的视野。这样多种方法合理组合形成的合力，对培养学生的语文核心素养十分有利。

点评人：唐富春(东城区教师研修中心特级教师)

《墨竹图题诗》教学设计

北京教育学院附属海淀实验小学　蒋　丽

学科：语文　　学段：第三学段　　年级：六年级　　教材：北师大版

一、指导思想与理论依据

《语文课程标准(2011年版)》指出学生应"具有独立阅读的能力，学会运用多种阅读方法"，"能初步鉴赏文学作品，丰富自己的精神世界"。在以学生为中心教育理念引领下，帮助学生习得学习语文的方法，培养、提高学生的阅读的能力显得尤为重要。文体不同，阅读的方法自然不同。所以我执教《墨竹图题诗》时，根据文本特点，选择了指导学生运用关联阅读的方法，以文领会诗，以诗解释画。

二、教学背景分析

(一)教材分析

北师大版语文六年级上册第八单元的主题是"岁寒三友"。松、竹、梅之所以被称为岁寒三友，不仅因为三者不惧寒冷，更是因为他们象征诗人的坚强不屈、卓尔不群的精神。为了让学生体会其中的文化与精神内涵，本单元安排了三篇题画诗：《墨梅图题诗》《墨竹图题诗》《题长松图》，与之相对应有三篇拓展阅读，它们是《梅香正浓》《黄山松》《竹颂》。题画诗是一种独特的艺术形式，诗情画意，相映成趣。两者在构思立意上珠联璧合有着不可替代之妙。每篇题画诗都配有相应的诗画欣赏，为学生赏画、品诗、知诗人提供有力支撑。《墨竹图题诗》是郑板桥在山东任县吏时所作。记载的是山东受灾，饥民无数，一个夜晚，冷雨敲窗，风吹疏竹，发出萧萧之声，在诗人耳中成为百姓啼饥号寒的怨声。郑板桥提笔展纸作画，遂成此诗。诗句的前两句是情景描绘，后两句是作者直抒胸臆，用托物言志、借物喻人的写法，让我们看到了一个忧国忧民、爱民如子、卓尔不群的郑板桥。

(二)学情分析

六年级的学生已经掌握了阅读古诗的基本方法，但并没有学过图题诗。学生在学习《墨梅图题诗》时初步学习了借助诗画欣赏来理解诗句赏析画作的方法，但方法的习得并不是学习一课书就能实现的，还需要反复的言语实践。

在课前，学生借助思维导图从理解字、词、诗句，了解诗人，质疑等方面进行自主预习。这样可以直观反馈学生学习的真问题。

字	容易读错的有"燮""吏""衙"、"斋"。 生字中个别笔画的书写要注意。
词	能自主运用工具书理解词语。
诗句理解	借助工具书大致了解诗句。
了解诗人	关爱百姓、爱民如子，为百姓着想，对百姓的命运深表同情。 特立独行、洁身自好、刚正不阿、不同流合污。 舍己为人、善良。
质疑	关于画作：郑燮笔下的竹子有什么特点？ 　　　　　为什么郑板桥笔下的竹子很细？ 关于题诗：为什么郑燮听到竹叶沙沙响就感觉是百姓啼饥号寒的怨声？ 　　　　　为什么把百姓比作"一枝一叶"？ 　　　　　"一枝一叶总关情"关的是什么情？ 关于诗人：作者在什么心情下写下这首诗？ 　　　　　为什么郑燮的朋友说他糊涂，他说自己"难得糊涂"？ 　　　　　作者为什么要以竹来自喻？

三、教学目标

1. 教学目标

(1)正确、流利、有感情地朗读古诗、背诵古诗。

(2)结合诗画欣赏，赏画、品诗、了解诗人的情感与品格的阅读方法。

(3)明确"岁寒三友"中竹子的象征意义，感受中国传统文化中蕴含的艺术精神。

2. 教学重点

结合诗画欣赏，赏画、品诗、了解诗人的情感与品格的阅读方法。

3. 教学难点

明确"岁寒三友"中竹子的象征意义，感受中国传统文化中蕴含的艺术精神。

四、教学流程图

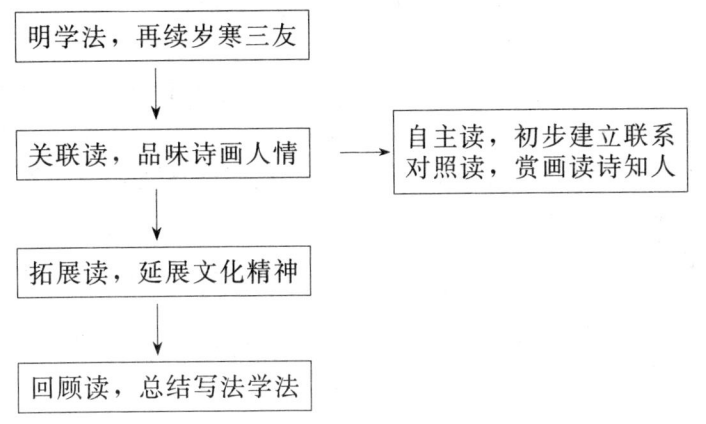

五、教学过程

(一)明学法,再续岁寒三友

1. 出示《墨梅图题诗》并背诵。

2. 回忆:我们用什么方法学习了《墨梅图题诗》?(联系诗画欣赏理解古诗看懂画作。)

【设计意图】用学过的内容唤起学习记忆,回顾学习方法,继续用此法学习。

(二)关联读,品味诗画人情

1. 自主读,初步建立联系

(1)揭示课题,出示画和诗,初读古诗。

(2)自学品悟。一边阅读诗画欣赏,一边看看上面的古诗与画作,用不同符号标注出诗画欣赏中与古诗、画作有关联的语句,理解古诗内容,体会诗人的情感。(可以随时交流、请教)

【设计意图】让学生尝试用前一课的阅读方法,自主学习《墨竹图题诗》。由于是新的学习方法,所以学生在学习的过程中可以向同学、老师请教。

2. 对照读,赏画读诗知人

(1)全班交流学习成果。结合诗画欣赏"郑板桥整日为灾民奔波,白天劳顿,晚上思绪万千夜不能寐。听着冷雨敲窗,风吹疏竹,发出萧萧之声,他立即联想到百姓啼饥号寒的怨声"。学生理解诗句"衙斋卧听萧萧竹,疑是民间疾苦声。"体会忧心忡忡的心情,以及同情关爱百姓的感情,读读诗句。

(2)为什么郑燮(郑板桥)听到竹叶沙沙响就感觉是百姓啼饥号寒的怨声？追寻事情的起因"他在任时山东受灾，饥民无数"。教师口述清朝一次山东受灾的情况，学生联想，补充句子。

河间府一带接着山东都夏麦无收，秋收无望。以至于村村看不到炊烟，树树无皮，只剩干枯的树干。殆尽，不得不研石成粉，和土成丸，吞食。村中之人，饿得面如菜色。四处逃生，弄得十家门空，九家户绝。沿途乞讨，夜宿路边，卖儿卖女，或弃之路边。

听着冷雨敲窗，风吹疏竹，发出萧萧之声，郑燮立即联想到百姓啼饥号寒的怨声："＿＿＿＿＿＿＿＿＿＿＿＿＿＿＿＿＿。"

声声入耳，句句锥心，郑燮又是什么心情？（同情、心急如焚）（学生再读诗句）

"一枝一叶"指什么？（老百姓的一举一动，老百姓生活中的点点滴滴小事）这些都牵动着郑燮的心，都牵动着像郑燮一样的百姓的父母官的心（师生对读）。于是，他彻夜难眠，踱步徘徊，他在想什么？

(3)郑燮后来做了什么？结果怎样？

"于是起身展纸作画，成就此篇，送予上级，使其了解民间疾苦。""他又上书请示放赈，打开官仓，救济百姓。""灾情严重，情况紧急，他来不及等上级批复，毅然决定开仓放粮，同时动员官人煮粥赈灾，因此得罪了上级，被罢官。"

抓住人物动作，体会郑燮官职虽小，仍要为民请命。

这样的结果，郑燮是否预料到了？理解"糊涂"与"难得糊涂"。适当补充郑燮生平资料，了解其十年寒窗做官不易，与其行为进行对比。（尽管朋友说郑燮为了黎民百姓被罢官，放弃自己的大好前程太糊涂。但郑燮认为自己这样做是正确的、值得的，不想为官一任只为自己的功名利禄。他心甘情愿为百姓付出。）学生再读诗句。

(4)总结创作的前因后果：郑燮为官时看到百姓受灾，他忧心忡忡，最后开仓放粮，被罢官也在所不惜。从中看到一个什么样的人？带着你的体会再读诗句。

【设计意图】借助诗画欣赏，理解古诗的内容，体会人物的情感，感悟诗人大爱的情怀与特立独行的品格。

(5)其实除了诗，他的画中也透露出他的气概。对比画作，你能从四幅画中找到郑燮画的墨竹吗？从古至今，画竹、爱竹之人颇多，胸有成竹的主人公文同、现代画家徐悲鸿、当代作家管桦借竹子表达自己的心志。

你能看出郑燮所画的这幅墨竹图有什么特点？传递出他怎样的信念？结合书上的内容和自己的理解说一说。教师指导学生填写思维导图（高标挺立、卓尔不群），学生朗读或背诵诗句。

【设计意图】联系诗画欣赏，对比不同人物的画作，了解郑燮所画的墨竹的外在特点。了解诗人是借竹子表明自己的追求信念。同时在对比环节看到不同时代不同人物的墨竹，感受从古至今人们对竹子的喜爱，渗透中国传统艺术文化的传承。

(三)拓展读，延展文化精神

1. "四十年来画竹枝，日间挥写夜间思。"郑燮画竹付出了一生的心血。画竹成了他展示生命的一种方式，同时也留下了许多赞美竹子的诗句。你还知道哪些？读一读《竹石》，从中你又看到竹子的什么精神？填写思维导图。

2. 自古以来，无论是文人墨客，还是普通百姓，大家都喜爱竹子，因为它已经成为一种精神象征。当代作家管桦在《竹颂》中歌颂的是竹子什么精神？学生自读填写思维导图，并相互交流。

【设计意图】通过适当拓展阅读，发现在中国竹子已经凝聚了丰富的文化内涵，它的品格风骨将从我们身上继续传承下去。

(四)回顾读，理清文章写法

1. 无数人赞美过竹子，诗人用文字歌颂它的精神，画家用画笔描绘它的风骨。人们在它身上寄托自己的情怀。再诵读《墨竹图题诗》。

2. 整理学法，我们赏画、读诗，诗画欣赏在这课书中也很重要，借助它我们读懂诗，欣赏画，通过这三者，我们感悟人物的情感与品格。

【设计意图】回顾总结获得的新知，整理学习的方法，为下一篇课文的学习做好储备。

(五)板书设计

墨竹图题诗
(清)郑燮

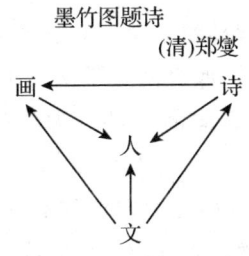

六、学习效果评价设计

1. 课堂观察

从学生课堂朗读与填写思维导图的情况，反馈学生对诗画内容、竹子内涵的理解与感悟。

2. 课后评价

(1)背诵古诗，同学评价

评价标准	评价等级
正确、流利、有感情。	优
能正确、流利背诵，但语速过快，没有感情。	良
能独立背诵，错1—2处，基本正确。	达标

(2)根据课文内容填空

写《墨竹图题诗》这首诗时，郑燮是_____(身份)，在一个_____的夜晚，他想起了_____，于是写下了这首诗。

(3)下列哪个词语最适合形容郑燮和他笔下的墨竹？并说明理由。

青翠欲滴　　特立独行　　夜不能寐

_____
_____

(4)学习结束，你还有什么问题？还想知道些什么？你打算用什么方法解决？

七、教学设计特色说明

1. **关联阅读，推进教学。** 教学中做好三个关联：第一，依据文本特点，课内关联。学习中诗、画、文相互关联，互为支撑，帮助学生读懂古诗、欣赏画作，认识人物。第二，恰当引入，联系课外。主要是通过适当补充课外资料和拓展阅读，加深学生的理解感悟。第三，放眼单元，前后关联。《墨竹图题诗》作为主体课文的第二篇，入课时回顾学法，承袭上节课的学习经验，本节课用已有的方法学习，达到巩固的目的，为学生更顺利地学习下一课提供支持。

2. **以诵读为主线贯穿课堂始终，在反复涵咏中咀嚼诗词经典的内涵。** 整节课安排学生自主读、对照读、回顾读、拓展读等形式推动学习。在理解感悟后，再以自读、齐读、生生对读、师生对读等形式表达自己的体会。

教学反思：关联阅读整体推进教学

好的课堂教学是教学资源、教师、学生的完美结合。教师的教学设计既要符合教材的特点，又要遵从学生的需要。

《墨竹图题诗》是北师大版语文六年级上册第八单元"岁寒三友"中的第二篇课文。这个单元的选文在体裁上的特点是选择了三篇题画诗：《墨梅图题诗》《墨竹图题诗》《题长松图》。题画诗作为诗歌的一类，既有诗歌的共同特点又有自己的独特魅力。画中有诗，诗中有画，画中诗大多为抒发作者的情感，在整个画面中起着画龙点睛的作用。画不能表现的意境，通过诗来传递，使诗情增添画意，画意映衬诗境，珠联璧合，相得益彰。

在每篇题画诗的下面，编者还安排了"诗画欣赏"，这是带着理解、鉴赏意味的一篇小短文。它是学生品诗赏画的小帮手，但它又不同于一般的注释、译文。诗画欣赏自身有它的写作特点，语言表达也很值得品味。

除了主体课文，在语文天地中配有与三篇题画诗相对应有三篇拓展阅读，分别是《梅香正浓》《黄山松》和《竹颂》。这些文章的有意安排，可以帮助学生更好地感悟梅、竹、松所象征的精神品质，它也是学习主体课文的有力补充。

一节课的活动设计还需要了解学生的学习状况。六年级的学生已经掌握了阅读古诗的基本方法，但并没有学过题画诗。在学习《墨梅图题诗》时初步习得了借助诗画欣赏来理解诗句赏析画作的方法，但任何方法的习得并不是学习一课书就能实现的，还需要反复的言语实践。

根据以上的情况，我在执教《墨竹图题诗》一课时，力求做到采用关联阅读的方法整体推进教学。教学中我努力做好三个关联：

第一，依据文本特点，课内关联。学习中诗、画、文（诗画欣赏）相互关联，互为支撑，帮助学生读懂古诗、欣赏画作，认识人物。

学生看到的文本资源是诗、画、文（诗画欣赏），而我们要达到的教学目标是透过诗和画来了解人物——郑燮。所以，教学中我请学生结合诗画欣赏读懂古诗，揣摩人物心理，体会人物情感；借助诗画欣赏品味郑燮所画墨竹的独到之处；依托画作再来反观人物特立独行的品质。最终达到诗、画、人融为一体的境界，这也正是题画诗所独具的特点。

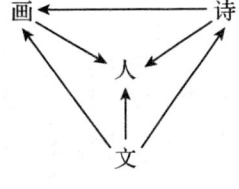

第二，恰当引入，联系课外。通过适当补充课外资料和拓展阅读，加深学生对本课书的理解感悟。

在学习的过程中，我适时地为学生补充背景资料，指导学生合理的联想，学生通过补充句子的练习，既加深了对古诗内容的理解，又体会了诗人忧国忧民、爱民如子的品质。

听着冷雨敲窗，风吹疏竹，发出萧萧之声，郑燮立即联想到百姓啼饥号寒的怨声："＿＿＿＿＿＿＿＿＿＿＿＿＿＿＿。"

当读懂了古诗、了解了人物之后，将郑燮的另一首诗《竹石》和管桦的《竹颂》引入课堂进行学习。帮助学生提升对竹的认识，感悟中国传统文化中竹子所特有的精神内涵。在前面学习的基础上补充适当的阅读内容，学生感悟水到渠成，且感悟深刻。

第三，放眼单元，前后关联。《墨竹图题诗》作为本单元主体课文的第二篇起到了承上启下的作用。入课时回顾《墨梅图题诗》学法，目的是唤醒学生的学习记忆，承袭上节课的学习经验，本节课用已有的方法继续学习，达到巩固学法的目的。有了这节课的学习，为学生更顺利地学习下一课《题长松图》提供有力的支持。这样一脉相连，有利于学生熟练掌握学法，进一步拓展延伸。

在关联阅读整体推进教学的过程中，我始终牢记语文课的任务，将学习古诗作为课堂教学的主要目标。所以，教学中以诵读为主线贯穿课堂始终，在反复涵咏中咀嚼诗词经典的内涵。整节课安排学生自主读、对照读、回顾读、拓展读，用读的形式将诗、画、文链接在一起，推动学习。在理解感悟后，再以自读、齐读、生生对读、师生对读等形式促进表达自己的体会，读出诗中蕴含的情感。最终，学生在课堂上达到了熟读成诵的目标。

这节课上也有遗憾，例如诗画欣赏中提供的资源使用还不够充分，对人物的认识还不够深刻。

专家点评

本教学设计力求通过关联阅读的方法整体推进教学，既读懂文本的内容，又渗透题画诗的学习方法，体现了第三学段语文教学的特点。

一、整合课文资源，注重整体教学

本教学设计依据文本特点，把本课中的资源进行了整合。教学中学生结合画来读懂古诗，又借助诗来品味墨竹的独到之处，再依托诗与画来揣摩人物心理，体会人物情感，最终认识郑燮这个人物。在学习中诗、画、文的整体结合，发挥了彼此相互关联的作用，使得诗、画、文互为补充，共同启迪学生的阅读智慧，也体现出第三学段语文教学要关注整体的特点。

二、整合教材资源，注重单元教学

本教学设计注重从单元的角度设计教学，注重方法的承接，注重内容的整合。教学中，教师承袭上节课的学习经验，引导学生继续学习，也为学习下一课《题长松图》提供了支持。这样一脉相连，有利于学生熟练地掌握学法，进而深入自学。其次当学生读懂古诗、了解人物之后，教师又将郑燮的另一首诗《竹石》和管桦的《竹颂》引入课堂，帮助学生提升对竹的认识，感悟中国传统文化中竹子所特有的精神内涵。

整合单元教材的内容，为学生的思维提供了更广阔的空间。而多重文本的阅读不但使文本之间的联系更为紧密，而且对学生阅读能力的培养产生了综合效益。

三、整合课内外资源，注重综合能力

本教学设计通过恰当引入课外资料，整合课内外资源，引导学生的阅读。在理解诗句时，教师适时补充背景资料，加深学生的理解感悟。在学生初步了解诗人的品质后，几幅不同人物的画作对比，使学生在感受到诗人对信念追求的同时，也渗透了中国传统艺术文化的传承。教学中适当地补充课外资料，学生的理解感悟水到渠成，他们的思维更加灵活和创新。

学习中运用关联阅读的方式，促进了学生思维的深度与广度，使他们在多重文本的阅读中激发阅读兴趣，拓展阅读视野，内化阅读素养，整体提升语文能力。

点评人：唐富春（东城区教师研修中心特级教师）

《十五从军征》教学设计

首都师范大学附属中学第一分校　张萍萍

学科：语文　　学段：第四学段　　年级：初一　　教材：江苏版

一、指导思想与理论依据

《课标》指出："诵读古代诗词，能借助注释和工具书理解基本内容。注重积累、感悟和运用，提高自己的欣赏品位。""欣赏文学作品，有自己的情感体验，初步领悟作品的内涵，从中获得对自然、社会、人生的有益启示。对作品中感人的情境和形象，能说出自己的体验；品味作品中富于表现力的语言。"因此，学习古诗主要注重以下几点：欣赏诗歌，有自己的情感体验；领略诗歌的内涵，从中获得对自然，对社会和对人生的有益启示；对诗歌的思想感情倾向，能联系文化背景做出自己的评价；对诗歌中感人的情境和形象，能说出自己的体验；能品味诗歌中富有表现力的语言。

在学习方法上注重朗诵。《课标》强调"要让学生在朗读中通过品味语言，体会作者及其作品中的情感态度，学习用恰当的语气语调朗读，表现自己对作者及其作品的情感态度的理解"。朱自清《再论中学生的国文程度》中谈及：文言文和旧诗词等，一部分的生命便在声调里；不吟诵不能完全领略它们的味儿。朗读既是目的又是手段：学生在反复朗读的过程中感受文气，领悟主旨，又在文意理解的基础上不断优化着朗读的效果。

同时借用互文式阅读理论。法国符号学家克里斯蒂娃认为："任何作品的本文都像许多行文的镶嵌品那样构成的，任何本文都是其他的吸收和转化。"这种观点表明，世界上任何一篇作品都不是孤立无援的，任何文本都是一种互文，每一个文本都包含了其他文本涉及的因素。某篇具体的文本的意义是在与其他文本交互参照、互相指涉中产生和完成的。通过与学生已有诗歌积累的互相关照，师生一起解读本首诗。

二、教学背景分析

(一)教材分析

《十五从军征》是苏教版教材七年级上册第五单元"关注科学"诵读欣赏部分的新增篇目,同时也是北师大版六年级上册第六单元战争的第一篇课文。出自宋朝郭茂倩编写的《乐府诗集》,是一首汉乐府。

1. 汉乐府

班固对西汉乐府诗的总体特征,在《汉书·艺文志》中作了精辟的评论:"皆感于哀乐,缘事而发。"这一评论虽是对西汉乐府诗而发,但同样适用于东汉乐府歌诗。

叙事性是汉乐府的重要特点,标志着我国叙事诗发展到了愈趋成熟的阶段。它的叙事又带有浓厚的抒情性,几乎很多叙事情节都带有浓烈的情感,在叙事过程中,饱含着浓郁的抒情色彩,具有以情携事,借事抒情,情随事来,情事相依的特点。汉乐府的价值在于广泛而深刻地反映当时底层人民日常生活的艰难与痛苦,具有浓厚的生活气息,表现了激烈而直露的感情。

2.《十五从军征》

《十五从军征》以第一人称"视点"带领读者逐次进入作品所描绘的象征情境中,大量采用场面描写,读者跟随主人公,透过作品所描绘的艺术景象进入人物的心灵世界,再透过心灵情境窥视当时社会的历史现实。

它具体描写了主人公为国征战六十五载,有家归不得,等到归时又无家可归的不幸遭遇和惨痛心情。而他的不幸,与那些已经走进静默冰冷坟墓的亲人们相比,又是一种"幸运"。作品不仅揭露了封建兵役的黑暗罪恶,表现了一个八十老翁一人的不幸,而且表现了比个人不幸更深广的全体人民的不幸,以及社会的凋敝、时代的动乱。

诗歌通篇采用客观的叙述,画面感极强。文本没有让诗作者站出来直接抒情,但是一个人的行为举止往往是内心潜意识的表露。所以通过描写人物的行动,可以透视出复杂的内心世界。叙事的过程中,出征归来—途中问答—家影荒凉—洗手做羹—东看泪落等几幅画面,都流动着主人公丰富的情感。我们可以体察到主人公盼望—紧张(希冀)—伤感—平静—绝望的心情。哀伤悲痛的情感随着故事的发展、情节的流动而逐步加剧。人物的情感,就是一条线索,始终贯穿于叙事之中,同时也暗寓着诗人无比的同情与深切的悲痛之情。

正如清代的陈祚明所言:"悲痛之极辞,若此者又以尽言为佳。盖言情不欲尽，尽则思不长。言事欲尽，不尽则哀不深。"

(二)学情分析

我所执教的学生是初一2班，全班共29人。他们刚进入初中，性格活泼，乐于思考。经过小学六年和进入初中半个多学期的学习，已经具备有关古典诗歌的基本知识储备，形成了一定的诗歌学习能力，能够借助注释和背景资料了解诗歌大意，初步感受诗歌主题。

我通过访谈了解到，学生们在小学六年级已经学过《十五从军征》。《课标》要求第三学段"阅读诗歌，大体把握诗意，想象诗歌描述的情境，体会作品的情感。受到优秀作品的感染和激励，向往和追求美好的理想"。我通过与玉泉小学老师沟通了解到，小学阶段学习此诗的教学目标是：有感情地朗读古诗、背诵古诗；借助有关注释，理解古诗的意思；体会古诗蕴含的感情，体会战争给人民带来的灾难和不幸。

为了对学情有更准确地把握，我设计了一个简短问卷，设置了三个问题：请概括诗歌的主要内容、请写出你对诗歌的理解、请写出你的困惑。最后并让他们默写了整首诗歌。统计结果如下：关于内容：29个学生都能够基本概括古诗的内容，27人写出是"一个军人十五岁参军，八十岁回家，家中已无亲人"。2人未完整作答。关于诗歌主题：15个学生认为反映的是"社会黑暗腐败""兵役制度罪恶"，11人认为是"思念家乡""思念亲人"，3人没有写。关于疑问：10个人的问题聚焦为什么"八十始得归"，7个人的问题聚焦做饭的情节，4人问为什么"东向看"，2人问诗的中心是什么，1人问"中庭"的含义，另有2人为无效问题，3人写无疑问。

可见，学生已经能够熟练背诵并默写，能够概述诗歌主要内容，基本说出诗歌的主题。但是对乐府诗及乐府诗的特点概念模糊，对《十五从军征》叙事诗的特点没有把握，对某些诗句的理解还存在隔阂和问题，对诗歌的理解偏于"概念化""标签化"。如何让学生读出叙事诗的丰富情感，成为我教学的重要目标。

三、教学目标

1. 通过概括画面内容，梳理情节，把握乐府叙事诗的基本特点。
2. 通过品读重点词句，互文阅读，分析情节背后的情感流动。
3. 通过质疑探究，重新审视思考作品主题，激发自我阅读体验。

四、教学过程

(一)温一温汉乐府的知识

问1：什么是汉乐府？

明确：汉乐府原指汉代采诗制乐的官署，后来又专指汉代的乐府诗。"自孝武立乐府而采歌谣，于是有代、赵之讴，秦、楚之风，皆感于哀乐，缘事而发，亦可观风俗，知薄厚云。"(《汉书·艺文志》)。

问2：汉乐府的特点是什么？

明确：乐府往往叙事，故与《诗》殊。"(明·徐祯卿《谈艺录》)

【设计意图】明确《十五从军征》叙事诗的特点。

(二)读一读老兵的故事

任务1：以阅读叙事诗的方法，概括画面内容，梳理古诗的主要情节。

明确：出征归来—途中问答—家影荒凉—洗手做羹—东看泪落

任务2：以品读字词句的方式，借助互文阅读，分析情节背后的情感。

①十五从军征，八十始得归。

预设：紧扣"十五"与"八十"的情节空白。"征"与"归"的背景呈现。"始"的期盼情感。"昔我往矣，杨柳依依。今我来思，雨雪霏霏"的互文式阅读。

②道逢乡里人："家中有阿谁？""遥望是君家，松柏冢累累。"

预设：将"有阿谁"与"家中平安否"不同问法的置换比较。将《回乡偶书》中"儿童相见不相识"与《渡汉江》中"近乡情更怯，不敢问来人"进行联想比较。从"家"到"冢"的比较。既有心理准备，又包含希冀的一种情感。

③兔从狗窦入，雉从梁上飞，中庭生旅谷，井上生旅葵。

预设：理解"兔""雉""旅谷""旅葵"的共同的"野生"属性，动植物与动静结合产生的荒凉。理解"中庭""井上"的特殊意义。极致荒凉之景的呈现与"寻寻觅觅，冷冷清清，凄凄惨惨戚戚"的联想。对人物情绪进行分析。

④舂谷持作饭，采葵持作羹。羹饭一时熟，不知饴阿谁。

预设：理解"舂""采""饴"等动作背后人物的情绪。将"物是人非事事休，欲语泪先流"中"休"与做饭举动的比较。

⑤出门东向望，泪落沾我衣。

预设：理解"东向望"的原因与背后继续的情感。与"巴东三峡巫峡长，猿鸣三声泪沾裳"等描写"泪"的诗词进行联想比较。

(三)聊一聊老兵的故事

任务1：诗歌有没有不合常理的地方？

预设：①家中如此破败，他还为何坚持做饭？

②为何他听到家人噩耗后一直没有哭，最后才落泪？

任务2：他究竟为何落泪？

预设：对家人的思念，为家破人亡的惨景，为自己的命运。

总结：情节背后的情感流动

出征归来—途中问答—家影荒凉—洗手做羹—东看泪落等画面中，都流动着主人公丰富的情感。一个人的行为举止往往是内心潜意识的表露，所以通过描写人物的行动，可以透视出复杂的内心世界。我们可以体察到主人公盼望—紧张(希冀)—伤感—平静—绝望的心情，犹如一条情感线索，始终贯穿于叙事之中，哀伤悲痛的情感随着故事的发展、情节的流动而逐步加剧。同时也暗寓着诗人无比的同情与深切的悲痛之情。

(四)写一写老兵的故事

十五岁从军时，也许杨柳依依。八十岁归来的今天，也许雨雪霏霏。请从以下句子中任选一句，写一写这个老兵的故事。(可加入环境描写、人物描写)

①十五从军征，八十始得归。

②道逢乡里人："家中有阿谁？""遥望是君家，松柏冢累累。"

③出门东向望，泪落沾我衣。

能够结合自己对诗歌的理解，融入抒情的表达方式，扩写这个故事。

五、学习效果评价设计

1. 能够就诗歌情节的发展，结合已学诗歌，分析主人公的情感。

2. 能够运用环境描写，人物描写等描写手法，恰当地补白诗中的省略的画面和情节。

3. 能够结合自己诗歌的理解，融入抒情的表达方式，扩写故事。

六、教学设计特色说明

1. 明确文本特质，用读叙事诗的方法读叙事诗。

以往读诗，我们大多读的是诗人的情感。而叙事诗，我们读的是主人翁的情感。我试图以"叙事"的"故事性"为切入口，帮助孩子看到乐府诗的叙事性特点，看到画面中的故事，关注叙事诗和抒情诗的不同。

2. 借助互文阅读，提供学生理解故事的策略。

注重学生阅读时候对词句品析的敏感和阅读都情感体验。借助已有诗歌的积累，引导学生看到故事背后深邃流淌的情感。

3. 注重探究质疑，致力学生思维品质的提升。

给学生营造安全的空间，在课堂上鼓励学生质疑，对同伴的发言进行点评、补充、修正和提问。对学生在专注聆听、充分表达等能力上有所训练，让学生保持批判性思维，进行真正的思考。学生通过自我修订不断提升自我，超越自我，内化知识的学习与能力的提升。

教学反思

学生的学情是教学的起点。按照惯例，我给学生发了一张小调查表。学生一看到是《十五从军征》，立刻嚷嚷起来："我们以前学过了。"那一瞬间，我有一点蒙：都学过了，我还上什么呢？学生们纷纷说："老师，没关系，我们可以装作没学过。"

我当然不可能当做他们没有学过。于是去找第三学段的课标，与小学老师沟通了一下，又给他们出了三个小问题去摸学情。结果发现，他们能够熟练背诵这首诗，也能知道主题，但是对文本的理解比较浅显。回收调查表后，我在班里问了一句："孩子们，你们读完什么感觉啊？"孩子们说："没什么感觉""觉得有点不真实""这个人真惨""社会真黑暗"。

这首诗读懂很容易，但是融入很难。无法身临其境，感同身受。他们没有理解乐府诗与以前所学其他诗作的区别，也不没有真正地走进这个文本。经过一年时光的沉淀，他们对文本的理解，可以更深入一些。我想打破他们原有的概念。

以往读诗，我们大多读的是诗人的情感。而叙事诗，我们读的是主人翁的情感。如何帮助孩子看到乐府诗的特点，看到画面中的故事，看到故事背后那深邃流淌的情感呢？

起初，我认为没有小组活动的课堂设计都是平庸的，便把《十五从军征》改变成微电影，分为几个画面，给每个画面配上什么内心独白。自以为可以让学生通过故事画面，把握住主人翁的内心世界。可是，这个活动的设计，似乎过于浮夸和浅薄。这样一个文本，还是应该带着学生静静地、一点一点去咀嚼。

故事曲线是学生很容易完成的任务，故事情节背后的情感曲线，却是那样的隐匿。画面是一幅一幅，情感的线却从未断裂。

文章的省略之笔也颇为传神。省略并不意味着略去的都是无关紧要的内容，"被略去的部分，不见得是不重要的；相反，未置一词的事件可能是由于令人如此痛苦，以至于恰恰就为了这一原因被略去了。或者事件是难以形于言表从而宁愿对它保持沉默"。

我预设的是一个省略留白：65年的从军经历。65年的从军生涯每一天的盼望，都在强化后文的失望。孩子们又找到两处省略。第一，他离家65年，为什么路遇同乡人的时候，还能够如此顺利地问到自己家的状况？第二，他家里家境已经荒凉到极致，他用什么工具，又是如何做得出一顿饭的？这三处留白，增加了诗歌的厚度。

我把他们的问题导向做了些许转换：他是如何艰难地才问到家人近况？他为什么在如此艰难的情况之下，还要做饭？尤其是一幅幅荒凉的画面中，做饭的画面是唯一一个相对温馨的场景。学生说，他也许是以这个方式，想念亲人。我想，也许他是在寻找家的感觉，试图把"家"再重新唤醒，要看到从容背后的哀伤。学生的思考正在一点点地深入。

在质疑的环节，一个学生问："正常来说，家里有人去世了应该是立刻就哭，但他为什么做完饭之后再哭呢？"这样的一种反情理的背后，却是一种巨大的情绪酝酿。一个学生答道："这是情感的积蓄，积蓄到一定程度之后，终于爆发出来。"听到这个回答的那一刻，我的心里是欢喜的。情节的进展与情感的流动，像一条河一样，不是平静地流动，是缓缓的悲伤，到最后悲伤加剧。老兵抚平了他的悲伤。他有了心理准备，他以为自己能够接受，可最后他还是无法承受。

我并不想让孩子说出是什么情感。在课前交流中，我发现，他说出了"悲伤"不一定真的理解"悲伤"，他在评论"悲惨"的时候，带着笑容与冷漠。叙事诗里面的抒情，并不是一个精准的词语可以描述的。于是我让孩子说，更像以前他读过的哪一首诗歌里的情感，有什么不同？孩子可以说出"乡音无改鬓毛衰"，我引导他们回顾到"近乡情更怯"，在与已学诗歌的穿梭中，去感受这首诗的情感。

最后，我们通过"他为什么哭泣"直击主题。为亲人离世而悲伤？为自己身世而悲哀？物是人非，人世沧桑。这个哭泣，也许不仅仅是他一个人的悲伤，而是人类共同的情感。

这节课没有以往的课堂那么热闹，但是学生思维的深度在不断延伸，情感的体验也越加深刻。平实中，有静静的力量流淌。

语文课，有时候，也需要守得住静。

专家点评

怎样教授一首学生已经"学过"的古诗？张萍萍老师做出了很好的榜样。

《十五从军征》学生会背诵，会解释，不会的是什么？张老师通过访谈学生的小学语文老师，借助细致的问卷调查，筛选出合宜的教学内容：叙事诗的叙事艺术。在艺术方面，我国古代叙事诗的突出特点是叙事、抒情、议论密切结合，线索单纯，情节完整，语言通俗晓畅。这些特点显然不能在一节课里全部呈现。初一的学生需要达到什么高度？张老师依据《义务教育语文课程标准（2011年版）》的要求，将教学目标定位于：完整概括故事，体会蕴含其中的复杂情感。这一目标定位的合理性主要体现在以下三个方面：第一，符合叙事诗的体式特征，教学内容紧扣叙事诗的表达特点；第二，符合学生阅读能力发展的需求，引领学生从"贴情感标签"走向"体味复杂情感"；第三，符合课程标准的学段教学目标。

在教学策略的使用上，张老师采用了"活动推进"的方式，"温一温汉乐府知识""读一读老兵的故事""聊一聊老兵的故事""写一写老兵的故事"，四个主体活动建构起学生对故事的整体认识，在活动过程中教师着力于引发学生的认知冲突，帮助学生走进他人的世界，体验他人的情感，从而丰富学生对历史、对人生的认识。此外，张老师的活动顺序安排也符合叙事诗的阅读过程，概括—梳理—分析—讨论—表达，从阅读输入到写作输出，自然顺畅，与学生的认知过程一致。

特别值得关注的是，张老师在教学过程中采用了"互文解读"的策略帮助学生理解情节背后的情感，引入的《回乡偶书》《渡汉江》都是学生耳熟能详的诗。乔纳森·卡勒认为对互文性的全面理解要注意两点：一是文本与文本之间存在的可验证的有机联系，二是文本与文本之外社会意指实践活动的多方面关系。

教师要引领学生借助"另一篇"来解读或验证"这一篇"，通常要选择学生熟悉的文本，才能更好地建立起联系。讲周敦颐的《爱莲说》可以和李渔的《芙蕖》"互文解读"，讲汉乐府《江南》可以和朱自清的《荷塘月色》"互文解读"，借助互文解读，学生不仅可以更好地理解"这一篇"，还能够理解不同作品的内涵和用意，在更为广阔的文化视野中解读古诗。张老师恰当地使用了互文解读的策略，而且篇目的选择也符合要求，这是难能可贵的。

点评人：吴欣歆（北京教育学院教授）

《记叙中结合抒情议论》教学设计

首都师范大学附属中学第一分校　　刘春芳

学科：语文　　学段：第四学段　　年级：八年级　　教材：江苏版

一、指导思想与理论依据

《义务教育语文课程标准（2011年版）》指出：写作教学应贴近学生实际，让学生易于动笔，乐于表达，应引导学生关注现实，热爱生活，积极向上，表达真情实感。"课标"对写作训练的选材，学生写作兴趣有宏观的指引。并且同时提出"重视引导学生在自我修改和相互修改的过程中提高写作能力"的写作训练策略，建议"重视写作教学与阅读教学、口语交际教学之间的联系，善于将读与写、说与写有机结合"。"积极合理利用信息技术与网络的优势，丰富写作形式，激发写作兴趣，增加学生创造性表达、展示交流与互相评改的机会"的建议为本设计中利用网络平台促学生作文展示和互评的策略提供启发。总之，"课标"对于写作教学的建议，是本课教学设计中关于写作训练材料选择，写作训练活动设计的重要依据。

《北京中小学语文学科教学21条改进意见》中指出：要重视听说读写的结合，加强语文学习与生活实际应用的联系。同时，《意见》主张，充分发挥信息技术优势，推动各类语文主题俱乐部开展网上交流，利用网络系统记录俱乐部活动过程、积累活动成果。

知识的建构与分类：写作是一项系统的智力活动，"记叙中结合抒情议论"作为记叙文写作的层级技能中的一点，包含着丰富的知识和技能，既有"抒情、议论的定义、关系、特点"等"是什么"的陈述性知识，又有"如何在记叙中恰当结合抒情议论"等"如何做"的程序性知识。因此，在"记叙中结合抒情议论"的教学设计当中，帮助学生建构有关的写作知识体系非常的重要。

二、教学背景分析

（一）学段背景

在初中三年写作能力的整体规划中，初一年级求真，初二侧重抒情，初三侧重悟理。八年级的学生已经具备基本的记叙能力,能够较为完整、流畅地记叙事件过程,并且通过初一、初二阶段"写清一件事的起因、经过和结果""有详有略,详略得当""合理安排文章结构"等基本叙事能力的训练,已经具备了一定的记叙和描写能力。而本单元的的写作能力训练是在前期写作能力积累的基础上,引导学生在记叙中有意识、有技巧地结合抒情议论,综合使用多种表达方式,最终目的还是提高记叙文写作的水平。

(二)学情背景

本班学生基础较好,具备较好的记叙和描写能力。为了建立写作与学生生活的关联,教师在作文拟题时一直注意"从生活中找米","从学生生活中找题目",本次作文题目为《午·食堂》。一方面服务于本班要承办校园广播同主题活动,另一方面立足于学生关注的校园生活素材,让学生有故事可写,有话可说,有情可抒。

在收上来的本班30份作文中,关注学生"在记叙中结合抒情议论"的能力,分析如下:本班有3人可以在记叙中有机结合抒情、议论,结尾能够借助抒情议论提升文章意蕴,有6人在结尾处中结合抒情议论点题,较为深刻到位,有15人在结尾处使用抒情议论,一笔带过,并不深入。有1人记叙流水账,另外还有5人抒情议论过多,占文章三分之一篇幅,淹没叙事。

基于以上的学情分析,我给学生安排了包含各个层次的学生并且严格编号的小组。如,22表示第二小组中结尾能够使用抒情议论但不够深刻的同学,严密的小组分工能让后续的评价更加科学。另外,由学情我们可以看出,大多数学生是具备一定的在记叙中结合抒情议论的能力和意识的,确切地说,学生长期被灌输的点题意识决定了他们能够在结尾处或行文字里行间使用抒情议论,但这种意识是模糊的、无技巧的。

因此,优化记叙文中的抒情、议论是本课的教学重点。

三、教学目标

1. 阅读名篇,能够找出记叙中的抒情议论,并在具体语境中认识其作用。

2. 阅读名篇,理解并整合记叙中抒情议论的特点及角度,积累形成自己的写作经验。

3. 在具体的记叙文写作实践中学会借助相关写作知识缘事而发,恰当结合抒情议论。

四、教学流程图

教学环节设计	课堂活动	形成的能力及效果
环节一：名篇引路，建构写作知识	活动一：寻找写作金点子	能够找出记叙中的抒情议论，并认识其作用。
		理解并整合记叙中抒情议论的特点及角度
		积累写作经验和技巧
环节二：写作训练，落实具体能力	活动二：微写作挑战升级赛	建构意识，形成能力

五、教学过程

（一）名篇引路，建构写作知识

1. 课前准备

（1）每周作文：以《午·食堂》为标题，写一个片段。

（2）分析交流：利用早读课的时间分析本次作文训练中"抒情议论"角度的问题，并在全班交流，并整合成几个大问题。并且对抒情议论的基本概念进行了梳理。

（3）名篇引路：泛读《我的老师》《最后一课》《目送》《光明在低头的一瞬》四篇文章，划出文章中议论抒情语段，并分析其作用。

2. 寻找"记叙中结合抒情"写作金点子

找一找：再读文章，找一找文章中抒情议论的语段。

学生在寻找抒情和议论语段时，能够根据已有的表达方式方面的储备知识，分辨清楚抒情议论与记叙描写，但是抒情和议论并不能截然分开，所以本课抒情议论不做分开寻找。

议一议：以小组为单位，分析抒情议论语段，总结记叙文中抒情议论的角度和特点。

特点：位置、基础、作用、类型等方面考虑。

角度：围绕"如何缘事而发"，结合名篇中抒情议论，探究总结记叙文中抒情议论的一些常用角度和思维方式。

【设计思路】引导学生在分析文本的同时，总结提炼符合自己言语习惯的写作知识。引导学生学会分析问题和解决问题，学会从现象中看到本质，学会实践—理论—实践的思维路径。

想一想：基于上面的分析，请总结出自己的关于"记叙中如何结合抒情议论"这一技能的写作金点子。

【设计思路】沉潜文本，组织言语实践活动；教师引导，样例引领学生活动；自主探究，知识的结构和整合。

(二)写作训练，落实具体能力

资格赛："经典文章新编"，把《从百草园到三味书屋》中是"冬季捕鸟"的片段加上一段议论、抒情文字，使之成为相对完整的文段。

升级赛：请把广播稿《午·食堂》中配的穿插音乐去掉，运用我们积累的写作锦囊，换上恰当的议论抒情语句。

【设计思路】两个写作训练关注情境创设，有明确的难度梯度，由结尾到行文中间，由改名篇到改习作，一步步地夯实学生的写作能力点。

六、学习效果评价设计

1. 学案：写作微课程之建构"记叙中的结合抒情议论"写作知识中的"写作知识档案袋"和"写作知识微表达"结合在一起，用你喜欢的方式，整体总结本节课的写作知识。

2. 修改自己的作文片段《午·食堂》，记叙中恰当地结合抒情议论。在微信网络平台上展示和交流。

七、教学设计特色说明

(一)教学内容上

1. 关注写作教学知识的探究和生成，关注学生知识的结构化和实际获得。
2. 主题鲜明、目标明确、规模小、容量少、针对性强的微型化写作课程。

(二)教学方式上

1. 力求打通生活与作文的关联，让学生在体验活动的生活情境中逐步获得写作能力，促进教学模式由"教师教"到"学生学"的转变。

2. 关注线上和线下以及课前和课上、课后的关联，构建双课堂的写作教学模式。

教学反思

隆冬时节，神州寥廓。在青岛参加全国中小学教育质量综合评价改革培训会的五天的间隙，完成了"风采杯"教学基本功比赛的备课工作：评改作文，与学生线上交流，同行讨论……不断地修改，不停地成长，一瞬间洞开，一刹那花明，隆隆冬日，总觉春风萦耳，春光在侧。

记叙文是学生初中阶段的主要写作文体，对于处于成长高峰期，触摸理性思考边缘的初二孩子来说，在记叙中恰当使用抒情议论，是急需掌握的写作能力。出差之前，当堂写了一篇记叙文，评改学生作文的过程中不断发现，孩子们不是不会在作文中使用议论抒情，而是很多同学过多的议论抒情，冲淡了叙事，因此，我把本课的教学重点定位为：优化记叙文写作中的议论抒情。

正式录课的前夜，赶回北京。课上学生根据平时较为熟悉的名篇名作，建构写作知识，而后根据写作知识，优化作文中议论抒情，环环相扣，理论结合实践，整节课学生能动手、动口、动脑，充实热烈。

回顾本节课的准备与实施过程，有以下几点具体的思考：

1. 科学地掌握学生的学情。作文写作是个体化的行为，学生写作的情况往往不能只凭老师想当然，如果想切实地提高学生的写作能力，必须清清楚楚地了解学生的能力起点。最开始，我把这节课的教学目标设立为在记叙文中会用议论抒情，当不断地批改学生的作文才发现，学生只要具有了运用议论抒情的意识，就是过度使用。因为选材匮乏和描写不细致又是学生记叙文写作中另一个的核心问题。所以，科学地掌握学生的学情，才能更精准地定位教学目标。

2. 注重写作知识的建构和积累。中国传统文学文论中讲究"感"和"悟"，"诗非别才，非关学也"，我们的写作教学往往不太注重写作知识的讲授。但是西方和港台地区的写作教学却很注重这一点，甚至把写作知识点和目标讲得特别细致。本课教学中先引导学生根据名篇名作，来总结关于这一写作能力点的"写作金点子"，学生在自己总结的基础上再去进行具体的实践操作，就有据可循，有抓手可执行。教给学生具体可操作的写作技巧，是作文写作教学的侧重点。

3. 关注思维和知识的建构和整合。在建构写作知识的过程中，每组学生都提供了至少一条"写作金点子"，然后把它张贴在黑板上。张贴时，我提了一条要求：如果下一组张贴的与前一组相同，就横向贴；如果不同，就纵向贴。学生张贴完之后，我利用投影设备，把黑板上的内容投影到电脑屏幕上，然后再带着学生整合。张贴时对学生的要求，其实就是锻炼学生的整合建构思维的过程，我们应该在教学中培养学生建立知识关联和知识结构化的能力和意识。

4. 梳理系列化的写作能力训练点。在准备这节课的过程中，我翻看了初中六册教材每一单元的写作训练点，如果我们能把初中阶段记叙文写作教学的能力点梳理下来，各个击破，形成系列化的记叙文写作教学课程，那么我们的作文教学就可以部分的摆脱经验性和随意性的问题。"记叙文写作中结合议论抒情"也是写作能力点之一，在这个能力点上，学生得到了很好的训练，但是这只是写好一篇记叙文的其中一点。

5. 厘定作文教学梯度和等级。作文写作重在实践，通俗地说，写作文是一项本事、生活能力。就像培养和训练任何一种技能一样，训练这项技能也需要"步步为营"，需要分层、分步骤。在这节课的具体实施中，我设定了两个训练任务，第一个任务是给经典片段结尾加议论抒情，第二个任务是给自己的作文字里行间加议论抒情。两个训练任务由易到难，由名篇到个人习作。

6. 作文教学重点平时积累。这一节课的内容很充实，但是学生思考量大。尽管在层层为学生铺设思维台阶，但是推进起来难度还是较大，课堂氛围也略显沉闷。因此，我认为，学生作文能力点的训练也更加细化，要一点一滴地落在平时的作文教学中。

7. 写作训练贴近学生生活。本课侧重记叙中进行议论抒情，但选材、立意、描写这些记叙文写作关键要素确是学生写作的难点。因此，反复思量，我选择布置了《午间食堂》这个作文题目，因为距离学生生活较近，学生也愿意写，记叙文写作中所经常出现的那些常规问题就不那么突出了，自然可以讲"画龙点睛""锦上添花"的议论抒情了。其实学生不是无事可写，而是我们的作文离生活太远。朱光潜先生说：很多人不会写作，是因为从一开始就走上了说谎的路。先生之言是也，写作教学要贴近生活，让学生有真话真言可说，有真情实感可抒。

以上就是我的一些浅显的思考。过程中最见性情，每一节课都是促我们改进教学的契机。作文教学，贵在点滴积累，这样一步步，一点点，我们就可以慢慢靠近作文教学上的盎然春意，姹紫嫣红。

她在隆冬，给我春光。温暖的冬日，悠长而动人，我在这里，路过春天。

专家点评：建立多种联结，提升写作能力

写作教学历来是语文教学的难题，面对挑战，刘老师的课至少在三方面值得借鉴。

其一，建立学生与生活的联结，拟定合宜的写作题目。

《义务教育语文课程标准(2011年版)》非常强调学生在写作中表达"真情实感",但学生能否表达出真情实感,跟教师提供的写作题目密切相关。"教师命题的时候必须排除自己的成见与偏好;惟据平时对于学生的观察,测知他们胸中该当积蓄些什么,而就在这范围之内拟定题目。学生遇见这种题目,正触着他们胸中所积蓄;发表的欲望被引起了,对于表达的欲望自当尽力用工夫。"梁启超的观点在今天看来仍有重要的指导意义,刘老师能够选择学生共同的观察点"午饭",在写作素材的搜集和整理上既有共性又能体现个性,互相启发借鉴,自然有话可说,有感而发。

其二,建立名家经验和写作知识的联结,引领学生建构写作知识。

写作能力需要写作知识的支撑,刘老师没有"照本宣科",直接讲授写作内容需要的相关知识,而是采用名篇引路的方式启发学生发现技巧,建构知识框架。具体的教学行为表现在"写作知识档案袋"和"写作知识微表达",不仅要求学生梳理出相关知识,还要用这些知识"改写"名篇,引领学生在写作实践中理解、内化知识。

其三,建立新的写作经验与原始经验的联结,推进扎实的写作实践。

刘老师要求学生先借助原始经验完成表达,然后融入新的写作经验修改完善。如此,新的写作经验成为学生真实的写作行为,学生的写作能力得到提高。

黄武雄在《学校在窗外》一书中写道:

"孩子到学校,最主要的事便是学会与世界真正联结。所谓'真正联结',不是肤浅的人际关系,而是要把孩子的主体经验与不同时空下的人们探索世界留下来的创造经验相联结,但联结的方式不是不经整理的拼凑接合,而是让孩子通过生活与思维使他原有的经验网络不断往外延伸。"

刘老师的课是建立联结的示范,学生与生活的联结,原始经验与他人经验的联结,写作知识与写作过程的联结,在多方联结中,学生找到了自己要写的内容,发现了自己可以模仿的技巧,最终,在教师的帮助下将写作知识转化为具体的写作行为。

点评人:吴欣歆(北京教育学院教授)

数学

《时间与数学》教学设计

北京市海淀区五一小学晋元庄分校　张　薇

学科：数学　　学段：第二学段　　年级：三年级　　教材：北师大版

一、指导思想与理论依据

《课标》中明确指出，综合与实践领域要使学生通过实践活动，感受数学在日常生活中的作用，体验运用所学知识和方法解决简单问题的过程，获得初步的数学活动经验。经历实践操作的过程，进一步理解所学知识。

教材中"数学好玩"这一单元的设计目的是要重视激发学生学习数学的兴趣，拓展学生的视野，发展学生运用所学知识分析和解决实际问题的能力。

二、教学背景分析

（一）教材分析

这节课是北师大版教材小学数学三年级上册"数学好玩"中"共同的休息日"的教学内容。"共同的休息日"隶属于综合与实践领域。《课标》指出："综合与实践"是指一类以问题为载体，以学生自主参与为主的学习活动。"综合与实践"的教学，重在实践、重在综合，在学生自主、积极主动参与活动的过程中，培养学生学习数学的兴趣，增强学生学习数学的信心等。

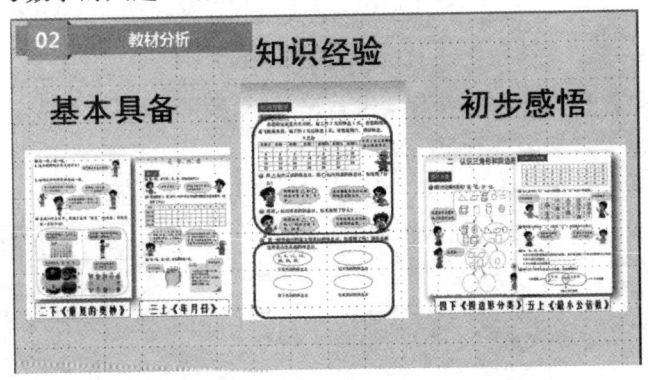

本课是在学生已经学过了年、月、日的基础上进行编排的。年、月、日的知识在生活中经常用到，具有常识性。本节课，学生通过探索、观察、比较的方式，体会时间中蕴含着丰富的数学信息、发现规律，进一步提高学生观察、发现和独立思考的能力。这样的实践活动不仅让学生通过实际操作，锻炼和增强同学间的合作与交流的意识，而且引导学生自觉地把所学的数学知识与生活实际相结合，培养他们应用数学知识去解决具体问题的能力。

除此之外，本节课的问题设置也有自身特点。问题的提出，不再是直接聚焦到核心问题，而是引导学生先进行具体操作。学生边操作，边思考，边发现，进而提出属于自己的数学问题，产生属于自己的数学思考。

因此，我将本节课定位确定为：给学生提供生活中的具体素材，展开具有一定开放性的数学研究，引领儿童发现问题，提出问题，并解决问题，培养提升学生的问题意识和发现提出问题的能力。

(二)学情分析

三年级的孩子们是否具有主动提出问题，和不断研究的意识呢？我开展了一次面对面的调研。

1. 第一次调研

调研目的：学生是否具有主动提出问题和继续研究的意识。

调研对象：10 名学生

调研方法：请 10 名学生到自习室，发放调研题目，并明确：完成后可以离开，有发现或想法，可以留下和老师交流。

调研题目：

99＋35＝　　　　　　　123－99＝
99＋46＝　　　　　　　234－99＝
99＋23＝　　　　　　　345－99＝
99＋15＝　　　　　　　456－99＝

调研结果：10 名学生，6 名学生写完就"果断"离开了，4 名学生留下。

教师对这 4 名学生进行了一对一访谈：

有 2 名学生表示：有发现，并主动写在调研记录单上。

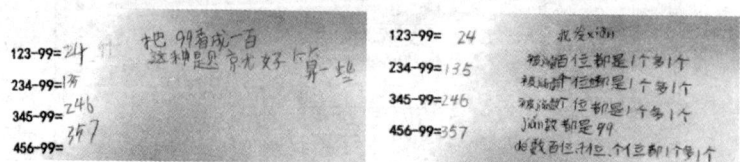

第 3 名学生：什么都没有写，犹豫之后上交，离开。

第 4 名学生：教师追问："为什么不离开?"学生回答："我觉得还有可以研究的东西。"

我的思考：孩子们有一定思维能力和研究方法，但主动思考意识差。

2. 第二次调研

调研目的：把操作要求明确布置给孩子，学生的问题会出现在哪里？

调研题目：

在9月的日历中，请你用△标出爸爸的休息日，用○标出妈妈的休息日，用☆标出奇思的休息日。

奇思的父亲是火车司机，每工作3天后休息1天。奇思的母亲是飞机乘务员，每工作1天后休息1天。奇思是周六、周日休息。

9月1日大家都开始工作或学习。

调研对象：40 名学生

调研结果：

选项	正确	错误	备注
人数	13 人	27 人	周六、周日出现错误的有 11 人
比例	32.5%	67.5%	

我的思考：在周六周日的题目上存在的问题最明显，学生的错误率很高，说明学生没有发现日历表的特点，并且不会利用，他们只关注了隔一个画一个，不会边做边思考。

3. 第三次调研

调研目的：学生有发现问题的能力吗？

调研题目：一对一访谈：你有什么发现？

调研对象：10 名学生

调研结果：学生在老师的追问下，都有不同的发现，他们能力各有不同，有多有少。但是，每当他说出一个一个发现之后。就认为完成了，不再继续思考。老师再追问一次，才会继续思考。

我的思考：学生可以在教师的帮助下，完成思维的推进和提升。

综合以上三次调研，结合综合实践领域的目标定位，本课应该从生活情境出发，通过学生的亲身操作体验，逐步展开研究工作，不断发现新问题，逐步将研究推向深入。与此同时，培养学生的问题意识和反思能力。

三、教学目标

1. 结合"共同的休息日"这一常见生活情境，探索并掌握解决这类问题的基本方法。

2. 在具体的问题情境中，进一步提高学生发现、提出问题的能力，培养学生学会思考、学会创造、学会解决问题。

在解决实际问题的过程中，感受日历中包含丰富的教学信息。培养学生相互倾听、读懂他人的能力。

四、教学过程

课前谈话：谁能给大家介绍一下爸爸妈妈的工作？他们是哪天上班？哪天休息？

【设计意图】从生活出发，为本课学习做好准备。体会"休息日"的不同。

（一）活动一"看一看，说一说"

1. 教师出示信息：奇思的父亲是火车司机，每工作3天后休息1天。奇思的母亲是飞机乘务员，每工作1天后休息1天。奇思是周六、周日休息。

关键问题：你读懂了什么？关于这件事，你想研究什么？

2. 教师出示12月份的日历表，提出关键问题：你读懂了什么？关于日历表，你想研究什么？

12 月份

星期日	星期一	星期二	星期三	星期四	星期五	星期六
				1	2	3
4	5	6	7	8	9	10
11	12	13	14	15	16	17
18	19	20	21	22	23	24
25	26	27	28	29	30	31

3. 关键问题：将刚才的两件事结合在一起，我们能研究点什么？

【设计意图】从学生熟悉的实际生活出发，引导学生主动思考，提出自己想研究的问题。随着信息的丰富，感受到信息的内部联系，明确研究方向。

(二)活动二"标一标，想一想"

1. 讨论明确：12月1号大家都开始工作和休息，统一符号，爸爸用△，妈妈用〇，奇思用√，在日历中标出他们的休息日。

2. 学生独立操作，完成在日历中标一标。

3. 想一想：在做的过程中，你有什么想法和发现？请记录在学习单上。

12月份						
星期日	星期一	星期二	星期三	星期四	星期五	星期六
				1	2〇	3√
△4〇	5	6〇	7	△8〇	9	10〇
11√	△12〇	13	14〇	15	△16〇	17√
18〇	19	△20〇	21	22〇	23	△24〇
25√	26	27	△28〇	29	30〇	31√

4. 汇报交流。

5. 教师主导问题：你还有其他发现吗？听了别人的想法，你有什么启发？

【设计意图】 活动伊始，引导学生思考：你们有什么困难吗？一会儿我们交流时，可能会遇到哪些困难？聚焦"起点"和"符号"统一问题，并解决。让学生独立操作和思考，经历真实的思考过程，促思维产生。汇报交流中，提升学生的表达能力，倾听他人想法的同时，对自己的发现进行反思。

(三)活动三：写一写，画一画

1. 用自己的方法，重新整理三个人的休息日，以及自己的发现，看看有什么新想法？

2. 同桌交流，看看他能听懂你的想法吗？

3. 汇报交流。

【设计意图】 引导学生把表格中的休息日重新进行整理。当数据离开表格后，学生更加关注"数"与"数"之间的关系。在寻求新发现的过程中，学生培养数感。同时，相对开放的研究空间，让学生根据自己的发现继续研究，提升创新能力。

五、学习效果评价设计

评价方式：测试题。数学王国的密室里有一面数字墙，每一个数字后面都是一个保险箱。国王把自己的宝贝都藏在里面。每隔一个数字，放一颗珍珠，每隔两个数字放一颗宝石，每隔三个数字放一枚金币。那么，三种宝贝都有的保险箱是哪个？

1	2	3	4	5	6
7	8	9	10	11	12
13	14	15	16	17	18
19	20	21	22	23	24
25	26	27	28	29	30
31	32	33	34	35	36

评价标准：学生能利用课上掌握的研究方式，找到正确答案，为合格。能归纳总结出规律，为优秀。

六、教学设计特色说明

本节课的问题设置颇具特色。问题提出，不再是直接聚焦到核心问题，而是引导孩子，先进行具体操作，边操作，边思考，边发现，进而提出属于自己的数学问题，产生属于自己的数学思考。引领学生发现问题，提出问题，并解决问题，培养提升学生的问题意识和发现提出问题的能力。

教学反思

《时间与数学》属于综合实践领域，教材安排在认识年月日的有关知识之后，创设了有关奇思一家休息日的情境，让学生通过对这一具体问题的探索，体会时间与数学的密切联系，并掌握解决这类数学问题的基本方法，初步感受集合的思想。

1. 本课的出发点不是多种方法解决"共同休息日"问题，而在于让学生经历发现问题、提出问题、分析问题、解决问题的全过程。并且，通过本节课的环节设计，学生在不断的发现中，多次体会这个过程。教师认为，研究活动的产生有两种情况，一种是先有问题，为了解决某一问题，而展开一系列研究活动；还有一种，是源于对显现的思考，也就是说在某一活动的过程中，边操作，边发现问题，进而展开研究的。本节课，教师的设计就采用了第二种形式，先呈现具体情境，开展活动的过程中，随着学生的发现，逐步明确研究的目标，聚焦之后，继续研究。且研究不会在问题解决之后停止。教师再一次追问：还有问题吗？让研究持续发生，培养学生的问题意识。

2. 课前谈话，从生活出发，拉近数学与生活的距离。当教师为学生呈现

12月份的月历时，孩子们根据自己的已有知识经验，总结自己的发现，这个过程也是对月历时间的再认识，强化了月历"周"的特点，7天排列，解决了前测过程中，很多学生出现的问题。为后续研究扫除了一个障碍。第一个环节，教师的核心问题是："你想研究什么？"这是一个开放性问题，学生的研究方向是丰富的，不受限制，只要条件允许，每一个问题都可以继续，每一个学生都会得到肯定。之后，教师会同时呈现父母休息工作的安排和2月份的月历，让学生把这些信息联系在一起，"你再想想，可以研究什么？"这时，学生会根据信息之间的联系，提出新的问题，这时的问题就不会五花八门了。在这个过程中，学生经历了数学信息的提取、相关信息的比对、数学问题的筛选，这样的经历是问题意识和数学能力的提升。本课对"共同休息日"的研究与发现过程，经过教师设计，拆分为两次完成。第一次，学生在日历中寻找发现，第二次，把数据单独整理出来，再次寻找发现。把思考分为两次，每一次学生都有相对独立的思考空间。与此同时，在第二次思考时会反思自己第一次的发现。有的孩子在这个过程中，确实看到了第一次的"错误"，并加以改正。

3."不断的提出问题"是本课特色。提出问题不仅仅局限于对情境的提问，这样会人为地压缩提出问题的内涵，因为后续的活动中，孩子还会遇到更多的问题，可以说学生的问题意识随着活动深入而逐渐增强。结合情景发现问题重要，在活动中发现问题也重要，要让"问题"伴着"活动"一起生长，让学生感受到因为有"问题"不断产生，活动才更加精彩。本节课，教师为学生提供了一个与生活联系紧密的情境，在情境中又蕴含着数学信息，教师充分利用这样的机会，鼓励学生在信息中发现数学问题、提出问题。解决问题时，让学生说说选择了哪些信息，再次经历收集信息的过程，内化信息，加深理解。与此同时，教师也要学会倾听，敢于用实事求是的态度面对学生的提问，鼓励学生质疑问难，引导他们勇于提出各种的数学问题，不断地提出新的问题，尊重学生人格和个性差异。教师应该注重学生的思维过程训练，留给学生表达数学思维过程的机会。在这个过程中，孩子们主动思考的意识不强，往往解决完，找到答案就停止了，认为研究结束了。因此，教师要不断鼓励，不断引导，让课堂上的每一个问题都具有启发性、开放性、创造性，最大限度地激活学生的思维。

专家点评

《时间与数学》是小学三年级学生学习有关"年、月、日"的知识后教材安排的一次综合实践活动，张老师在教学设计上体现出如下两个主要特点。

1. 让学生在"问题引领下"开展数学活动，经历发现问题、提出问题、分析问题、解决问题的全过程。张老师从学生的生活实际出发，在课前谈话中首先让学生介绍自己父母从事的工作、上班时间、休息时间，唤起学生的生活经验，让学生感知"休息日"含义的同时，也拉近了研究内容与学生的距离。然后呈现奇思爸爸、妈妈工作、休息的时间信息，让学生发现、提出想要研究解决的问题，并引领学生逐步聚焦，明确研究方向：寻找奇思一家共同的休息日。在解决问题中、解决问题后，教师不断提出"你还有什么新的发现吗？"引发学生的思考，让学生的"问题"贯穿数学活动的始终。"让学生自己发现、提出问题"的学习，才是真正有价值、有深度的学习。正如诺贝尔奖得主李政道先生所说：要创新，需学问，只学答，非学问，问愈透，创更新。这样的教学设计有助于发展学生的应用意识与创新意识。

2. 教师设计的活动方式符合学生的认知规律，有助与发展学生综合运用知识解决实际问题的能力。寻找"共同休息日"，涉及"数的整除"的相关知识，对于三年级学生来说是比较抽象的。张老师为学生提供 12 月份日历，让学生在日历上用不同符号"圈一圈、画一画"解决问题，为学生的独立探究解决问题架起了桥梁。在学生初步探究得出结论后，张老师又让学生脱离日历，抽取出"共同休息日"的数据，进行深入地观察、思考。这样的活动设计，符合儿童的认知规律，既为学生顺利开展探究活动铺路，又能把学生的思维逐步引向深入，能促进学生问题解决能力的逐步提升。

点评人：贾福录（北京教科院基教研中心教研员）

《不确定性》教学设计

首都师范大学附属小学柳明校区　黄燕舞

学科：数学　　学段：第二学段　　年级：四年级　　教材：北师大版

一、指导思想与理论依据

统计与概率都是研究随机现象的科学，而数据分析观念发展又是统计与概率的核心目标，也是数学的核心素养之一。树立学生的数据分析的观念，最有效的方法就是投入到数据分析的全过程。

随机性有两个层次的含义：一方面对于同样的事情每次收集到数据可能不同，另一方面只要有足够的数据就能从中发现规律。课上鼓励学生运用数据来体会随机，更能体会随机的特点。

二、教学背景分析

(一)教学内容分析

不确定性的内容隶属于"统计与概率(第二学段)"领域中的"随机现象发生的可能性"这一维度。

1. 学生在小学阶段学习"概率"的主要内容分析。

小学阶段和概率有关的内容主要有以下四个，时间安排在四年级上册和五年级上册。

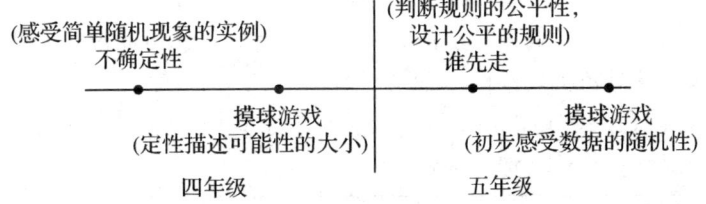

本单元"可能性"是小学阶段学习概率的起始单元。概率是研究随机现象的科学。因此，首先需要知道什么是随机现象。通过纵向的分析，本节课作为概率内容学习这是第一次，所以学生感受简单的随机事件就成了本节课最重要的一个学习目标。

2. 本节课教材分析

如何让学生更好地感受事件的随机性呢？教材安排了 10 次抛硬币的活动，并在表格中记录结果。改版后的表格相比较改版前增加了我的猜测。这样的安排背后思考的是什么？

我们再来看统计与概率这个领域的学习，其中一个很重要的核心就是数据分析，而数据分析观念是数学重要的核心素养之一。通过数据的分析可以让学生体验随机性。数据的随机性主要有两层含义：一方面对于同样的事情每次收集到的数据可能会是不同的；另一方面只要有足够的数据就可能从中发现规律。通过分析教材，我们不难发现抛硬币的数据记录既可以让学生体验到事件发生的随机性，同时可以感受到数据本身具有的随机性。本节课重点体会的是数据随机性的第一层含义。

(二)学生情况分析

学生前测意图：调研学生对随机现象的认识程度，学生的思维基础和学习困难。

学生访谈题目 1：拿出一枚硬币，问学生玩过抛硬币吗？跟老师来玩这个游戏，抛之前让学生先来说说会出现什么情况？

年级	四年级		
	正反都可能	正面朝上	反面朝上
访谈结果	21 人	0 人	2
	91.3%	0%	8.7%

有 91.3% 的学生能够想到结果可能是正面可能是反面，追问他们能不能确定是哪个面朝上，他们回答是都有可能，不能确定。由此说明大部分学生能够根据一些经验对随机现象做出一些判断。

学生访谈题目 2：抛出三次硬币后，出现了正面、正面、反面的结果，那如果抛第四次，会是什么情况呢？

年级	四年级		
	正反都可能	有可能正面朝上	有可能反面朝上
访谈结果	1 人	16 人	6 人
	4.3%	69.6%	26.1%

这时，就只有一个学生回答正面反面还是都有可能。

选择有可能正面朝上的学生有 16 人，占 69.6%。对于这些学生我又进行了追问：为什么你认为可能正面朝上？

学生回答近乎一致：他们认为正面出现的次数多，那么下一次正面朝上的可能性大。有一个学生还说，"我自己玩抛硬币时也总是正面朝上"。

选择可能反面朝上的学生有 6 人，占 26.1%，对他们进行追问：为什么认为可能是反面呢？学生大多是说因为正反出现可能性应该是一样的，前面两次都是正面了，所以该反面朝上了。

(三)我的思考

面对学生真实的想法，我发现虽然学生能够知道硬币抛出后的结果可能是正面，也可能是反面，说明他们对结果的不确定性是有感受的。但是当他们看到几次抛硬币的结果后会影响他们对下一次抛得结果的判断。数据本身是具有随机性，也就是数据随机性的第一层含义：同样的事情每次收集到的数据可能是不同的，并不会受到前几次数据的影响。所以学生的随机思想的建立不能只停留在不确定事件的判断，还应该对数据的随机性有所感悟。有人会说，这只是第一次认识，感受事件的随机性是最重要的。但是如果学生能够关注到数据，体会到数据的随机性，哪怕只有一点点，对他固有的思维打破一点点，对于将来他们客观认识世界会起到积极的作用。

三、教学目标

1. 教学目标

(1)在"掷硬币"和"抽扑克牌"的游戏中，体验一些事件发生的不确定性，初步感受简单的随机现象。

(2)能用"可能""一定""不可能"来描述简单事件发生的情况，并能够列出简单的随机现象中所有可能发生的结果。

(3)在关注分析数据过程中，体会数据的随机性。

2. 教学重点

在游戏过程中体验事件发生的不确定性，以及在分析数据过程中初步感受随机现象。

3. 教学难点

感受试验过程"同样的事情每次收集到的数据可能不同"这一随机性。

四、教学过程

(一)情境创设，引出抛硬币游戏

教师出示一段视频：球场上，双方球员与裁判员进行投硬币决定谁先发球的场景。

师：你们玩过抛硬币的游戏吗？老师这里就有一枚硬币，我们一起来玩抛硬币游戏。

教师和学生示范两次抛硬币的活动后组织学生两人一组进行抛硬币的活动。

(二)在活动中感受随机现象

活动一：抛硬币

教师出示抛硬币活动的要求：

1. 与同桌为一组，轮流各抛 10 次硬币。

2. 每一次抛之前，先猜一猜会哪面朝上，并记录在表格里。

3. 每一次抛之后，将抛后的结果记录在表格里。

4.10 次结束之后，观察记录的信息，你有什么感受、发现或是问题。

活动之前教师提示：每一次抛硬币，抛过头顶，硬币落在地面再进行观察。

学生情况预设：

1. 有时候猜对，有时候猜错，还有都猜对了。

师：对这件事你们怎么看？因为每次正反都有可能，所以就会出现猜对或猜错的情况。有位同学这么厉害，都猜对了，你们又怎么看待这件事情？很有运气，这种全猜对的时候也是有可能的，正像你们说的他很运气。因为有猜对和猜错，所以更感受到实际哪面朝上是不确定的，正反都有可能。

追问：如果再抛十次，猜对和猜错情况会怎样呢？(感受两次试验结果的随机性)

2. 对比两个人的抛硬币结果，为什么他们的数据不同呢？

师：有的同学抛出来正面多，有的反面多，还有的很接近。看来，虽然都是投这样的硬币，都是投 10 次，大家出现的结果也是可能不一样的。

3. 观察一个学生会发现正面出现多或者反面出现多的规律，判断下一次哪个面朝上。

师：他提的问题你们怎么看？除了你们这样的争论，有没有更有效地办法解决这件事情？那第 11 次结果你们认为会是什么情况？再做 10 次会不会也是这样的规律？

【设计意图】因为学生有猜对和猜错的，所以他们感受到实际哪面朝上是不确定的，正反都有可能。这是对随机现象的一种感悟。再对数据进一步分析时，学生会发现每一次抛出的结果是不会受到前面的数据所影响。同时感受到如果再抛 10 次，结果可能还不同，两个人抛出的结果也是可能不同的，对数据本身存在的随机性有所体会。

活动二：抽扑克牌游戏

1. 出示四张不同花色的扑克牌（4 张 A）。

教师提出问题，让学生进行思考：任意抽取一张，会是什么花色？存在哪些可能？这里面有没有能确定的事呢？

学生情况预设：一定是 A；四种花色都有可能抽到；不可能是其他数的牌。

2. 抽走一张牌之后，里面所蕴含的确定与不确定事件更为丰富，这时我让学生利用可能、一定、不可能来表达继续收取一张牌会出现的所有情况。

学生情况预设：一定是 A；不可能是其他数的牌；不可能是被抽走的那张；可能是剩下三张的任意一张。

随着学生的汇报，教师板书：可能、一定、不可能。

3. 再抽走一张，让学生继续运用一定、不可能、可能描述出现的情况。

4. 剩下最后一张时，学生发现此时就只剩下确定的情况了。

教师小结：这个活动，我们发现当没抽之前，四种花色都有可能被抽到，所以结果是不能确定的；抽取一张之后，被抽走的花色就变成不可能的被抽到，最后一张就是一定是这个花色，像这两种属于可以确定的，其他的被抽到花色就不确定的。

【设计意图】这个活动学生又再一次充分感受抽牌过程中所出现不确定性，每一次抽牌之前，都是让学生进行充分的思考和讨论，然后再抽牌，学生在讨论中还能发现一些确定的情况。

(三)感受生活中的随机现象

1. 教师出示教材中的图片，让学生观察，结合自己的生活实际，说说自己对这几件事情的看法。

第一件事情：明天会下雨吗？

第二个事件：抽奖活动。

第三个事件：路上遇到红绿灯的问题。

教师在让学生交流完毕后在结合自己的生活经验举一个生活中类似的例子。

【设计意图】让学生在解释生活中的事件中进一步体会事件发生的随机性。

2. 说一说每个盒子里可能摸出什么颜色的球？有几种可能？

(四)课堂小结

教师请学生说一说这节课的收获？还想研究什么问题？

五、学习效果评价设计

评价题目如下：

1. 每次摸出1个球，看完颜色后放回摇匀。

(1) 摸一次，笑笑可能摸到什么颜色的球？

(2) 与同桌轮流摸球，先猜猜能摸到什么颜色的球，再实际做一做。

(3) 如果前三次摸到的球是"黄球""黄球""黄球"，下一次会摸到什么球？

评价目的：检测学生是否能够运用对于随机性的认识与理解正确完成

此题。

六、教学设计特色说明

学生在抛硬币和抽牌两个游戏过程中，充分体验了事情发生的不确定性。学生还能够在不确定中发现确定，辨析中更加深了对于随机事件的认识与理解。不仅如此，我尝试让学生关注数据。大家通过分析数据感受随机性，初步对数据本身的随机性也有了一些体验，这对于今后研究概率问题积累了很好的活动经验和思维基础。以往的教学中我们更多地关注学生的体验，忽略了对数据的分析，其实这恰恰是学生得到随机性体验的一个重要过程。

教学反思：结果是我不能左右的！

其实起这样一个题目是源于一个学生在课上体会不确定性时的一句发言。看似普通，看似浅显，但我想这正是学生一直以来用确定思维从主观意识去认识世界的一种打破，学生在学习经历中，不论是数的学习还是形的认识更多的都是一种确定的，用随机的思维客观的认识世界，是学生思维上的一个飞跃。我们都知道改变一个人的思维是多么难的一件事啊。

学生学习《不确定性》一课，作为概率内容学习这是第一次，所以学生感受简单的随机事件就成了本节课最重要的一个学习目标。如何让学生更好地感受事件的随机性呢？教材安排了 10 次抛硬币的活动，并在表格中记录结果。改版后的表格相比较改版前增加了我的猜测。这样的安排背后思考的是什么？这些问题是在教学前一直困扰我，我翻阅了课程标准解读，了解到学生对于统计与概率这个领域的学习，一个很重要的核心就是数据分析，而数据分析观念是数学重要的核心素养之一。数据的分析可以让学生得到随机性的体验。数据的随机性主要有两层含义：一方面对于同样的事情每次收集到的数据可能会是不同的；另一方面只要有足够的数据就可能从中发现规律。从这些内容不难发现抛硬币的数据记录既是可以体验到事件发生的随机性，同时也可以感受到数据本身具有的随机性，也就是本节课重点体会的是数据随机性的第一层含义。对教材的安排目的有了一个清晰地认识，接下来就是对学生认识的一个了解了。都说孩子具有天生的随机思维，经过与学生的交谈，我发现孩子们的确凭借经验是可以对不确定性做出一些判断的。当我问孩子们抛过硬币吗？抛出一个硬币会出现是什么情况？有 91.3% 的学生能够想到结果可能是正面可能是反面，追问他们能不能确定是哪个面朝上，他们回答是都有可能，不能确定。但是当我抛出几次后,再来让学生说说下一次会是什么情况,这时就只有一个学生说正反面都有可能,而且有的学生认为正面朝上有的认为反面朝上,他们说明理由就是根据前面的结果进行判断。

面对学生真实的想法,我发现虽然学生能够知道硬币抛出后的结果可能是正面可能是反面,这说明他们对结果的不确定性是有的。但是当他们看到几次抛的结果时,会影响他们对下一次抛得结果的判断。数据本身是具有的随机性,也就是数据随机性的第一层含义:同样的事情每次收集到的数据可能是不同的,并不会受到前几次数据的影响。所以学生随机思想的建立不能只停留在不确定事件的判断,还应该对数据的随机性有所感悟。有人会说,这只是第一次认识,感受事件的随机性是最重要的。但是如果学生能够关注到数据,体会到数据的随机性,哪怕只有一点点,对他固有的思维打破一点点,对于将来他们客观认识世界会起到积极的作用。所以我就将在做游戏过程中体验事件发生的不确定性,在分析数据过程中加深对简单随机现象的感受作为本节课教学重点。为了更好的完成这个教学重点,课上我设计了两个活动活动一:抛硬币,感受事件的不确定性和初步体会数据的随机性。上课开始播放了一段视频,足球赛场通过投掷硬币来选择场地的情境,由此引出抛硬币游戏。这时候学生对于抛硬币活动跃跃欲试,但是活动是为了学生更好地思考,不能只是热热闹闹。所以为了更好地完成这项活动,我制定了活动要求,并提示学生抛硬币时注意要抛过头顶,不要过高或者过低,硬币要落到地面等。这样做也是为了能够得到更加科学的数据而考虑的。面对数据,学生可能会有很多的思考,但是围绕本节课最核心的目标,需要引导学生在这三点上有所关注和思考:第一,为什么会有猜对的也有猜错的时候;第二,关注一个学生抛出的实际结果有什么发现,如果再抛10次,还会是这样的结果吗?第三,比较两个人抛出的结果,有什么发现?有了前面充分的实践活动,学生的发现也是很深刻的。孩子们谈到因为有猜对和猜错,所以实际哪面朝上是不确定的,正反都有可能,这是对随机现象的一种感悟。再对数据进一步分析时,学生谈到每一次抛出的结果是不会受到前面数据的影响,同时感受到如果再抛10次,结果可能还不同,两个人抛出的结果也是可能不同的,对数据本身存在的随机性有所体会。在第二个抽扑克牌游戏中,学生在感受不确定性的同时,发现其中还有可确定的情况。具体过程是这样的:最初出示四张不同花色的A,找学生分别说一说每个花色,然后将四张牌进行洗牌,任意抽取一张,会出现什么情况。学生很容易说任意抽到的一张牌不能确定是哪个花色时,有四种可能。这时他们更多关注的是不确定的情况，其实，这里面还存在可确定的情况，引导学生进一步思考有没有可以确定的情况呢？学生很快发现了一定会抽到 A，不可能抽到其他的牌。这时，我将学生的发现记录在黑板上，可能、一定、不可能。接下来抽走一张牌之后，里面所蕴含的确定与不确定事件更为丰富，这时我让学生利用可能、一定、不可能来表达继续收取一张牌会出现的所有情况。学生可以清楚的运用一定、不可能、可能描述抽牌活动中的各种情况。当剩下最后一张时，学生发现此时就只剩下确定的情况了。

  这节课，学生在抛硬币和抽牌两个游戏过程中，充分体验了事情发生的不确定性。学生还能够在不确定中发现确定，辨析中更加深了对于随机事件的认识与理解。不仅如此，我尝试让学生关注数据。大家通过分析数据感受随机性，初步对数据本身的随机性也有了一些体验，这对于今后研究概率问题积累了很好的活动经验和思维基础。上完课后我又想起学生说的那句话——结果不是我能左右的，我想说学生对数学的学习效果是我们做教师能够左右，因为我们只要更多地去思考学生的基础、学生的困惑、学生的体验，思考为了学生的进一步学习我能做点什么，相信这样的数学课一定是学生思维深度参与的课堂，是他们喜欢上的课堂。

专家点评

  《不确定性》一课是"统计与概率"领域"随机现象发生的可能性"的内容，学生对生活中的随机现象有一定的感知，他们知道任意抛出一枚硬币正面、反面朝上都有可能，但是让学生感受随机现象的特点还是教学中的难点。黄老师的教学设计很好的突破了这一难点。

  1. 让学生在"先猜想，后实验"的游戏活动中感受随机现象的特点。黄老师安排了"抛硬币""抽扑克牌"两次游戏活动，每次活动前都让学生先猜想、讨论可能出现什么结果。这样的活动设计和以前是不同的，以前我们是通过实验收集数据，试图用数据去验证随机现象发生的概率，结果学生越做实验越糊涂。黄老师在活动设计上这一点小小的变化，给学生带来的感受是截然不同的，所以学生在实验后有了"结果是我不能左右的"真情实感，这说明学生对随机现象有了比较深刻的认识，对数据的随机性有了感悟。

  2. 让学生解释生活中熟悉的现象，感受随机现象的特点。生活中的随机现象很多，但学生往往熟视无睹。黄老师选择了"明天会下雨吗""我能中一等奖吗""下一个路口我会遇到红灯吗"三个学生熟悉的生活中的现象,让学生解释这些事情发生的结果会怎样,并让学生结合自己的生活实际举出类似的例子。这些教学活动的设计能拉近数学内容与学生现实生活之间的距离,能唤起学生的生活经验,有助于发展学生用数学的眼光观察现实世界的意识,有助于学生更好地感悟随机现象的特点。

点评人:贾福录(北京教科院基教研中心教研员)

《尝试与猜想》教学设计

北京市海淀区五一小学晋元庄分校　高红梅

学科：数学　　学段：第三学段　　年级：五年级　　教材：北师大版

一、指导思想与理论依据

《义务教育数学课程标准》中指出："模型思想的建立是学生体会和理解数学与外部世界联系的基本途径。"建立和求解模型的过程包括：从现实生活或具体情境中抽象出数学问题，用数学符号建立方程、不等式、函数等表示数学问题中的数量关系和变化规律，求出结果并讨论结果的意义。这些内容的学习有助于学生初步形成模型思想，提高学习数学的兴趣和应用意识。本课是选取了与"鸡兔同笼"同类型的题目，沟通各种方法之间的联系，了解鸡兔同笼的模型。

《鸡兔同笼》是北师大版五年级下册"数学好玩"中的一节课，为综合实践范畴，学生在几年的学习中经历过怎样的学习历程呢？

第一学段：旅游中的数学、体育中的数学、搭配中的学问……

第二学段：数学与交通、数学与体育、购物策略、数图形的学问……

这些问题都与学生的实际生活相联系，可以引导学生初步探索问题解决的途径，积累活动经验。通过对北师大版教材的梳理，我们不难发现：综合与实践领域的内容学生并不陌生，从一年级学生经历的一些简单的寻找数列规律的探索活动，到四年级上册学生经历的《有趣的算式》《乘法结合律、交换律》《商不变的规律》等探索活动，学生寻找规律的经验还只局限于数与代数领域，学生还只是关注数与数、数与式之间的规律，有过化繁为简、从简单问题入手研究复杂问题的初步经验。再看高年级阶段，学生的综合与实践的研究素材逐渐广泛，如五年级的《点阵中的规律》《比赛场次》等。当我们把这些学生小学阶段经历的、研究过的内容放在一起时会发现：北师大版的综合与实践领域非常重视培养学生主动探究问题的意识和能力，基于学生的认知基础和活动经验，为他们提供了一个个富有生活情趣且有研究价值的、具有一定挑战性的问题，引导学生发现并提出问题，分析和解决问题，从而经历问题研究的全过程，并引导学生将自己前期积累的学习活动经验有效的提取出来，进行综合应用，从中主动的发现问题,不断思考,大胆实践、反思调整,从而解决问题并重新产生新的思考,这样的探究活动对于激发学生的好奇心和求知欲,积累研究问题的经验与方法都是大有益处的,而这些积淀为学生后续的学习和发展积累了宝贵的财富。一次一次的学习,一次一次的深入,不难发现,综合与实践领域的教学中,都是引导学生经历问题解决的全过程,使学生不断探究,不断积累活动经验的过程。

二、教学背景分析

(一)教材梳理

人教版教材中选取了《孙子算经》中鸡兔同笼的原题,由简入繁,呈现了列表法、假设法、抬腿法等多种策略解决问题。

苏教版教材中选取另一个情境——《租船问题》来呈现,同样出现了画图法、列表法,并鼓励学生用多种策略解决问题。

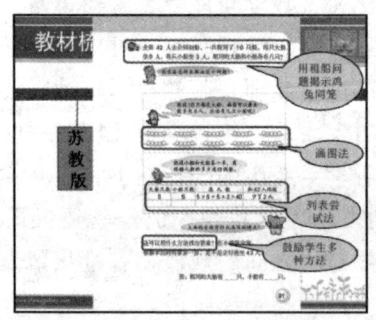

北师版教材呈现了鸡兔同笼的情境,并引导学生运用列表解决问题,可以从不同的角度列表,逐渐寻找规律,尝试调整,在猜测与尝试中逐渐解决问题。另一方面,教材力求通过问题引领学生经历解决问题的全过程,帮助学生积累研究经验、活动经验。

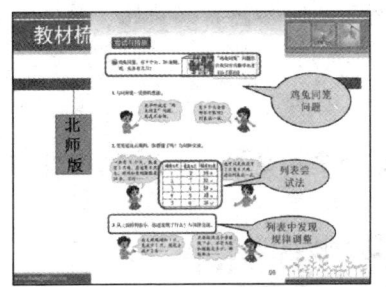
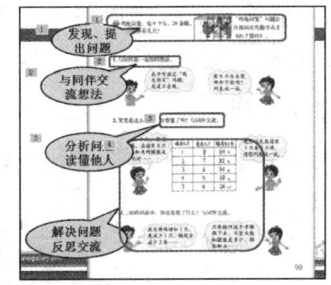

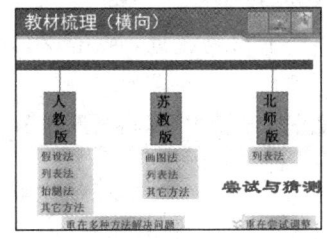

我的思考：人教版与苏教版将鸡兔同笼问题定位在了多种方法解决问题的策略上，鼓励孩子运用所学方法解决问题。北师版教材重在学生经历尝试调整的过程，它的课题就给我们指明了方向：尝试与猜测。教材的意图非常明显，学生以往的学习又会有什么样的活动经验和学习经验呢，我再一次纵向梳理教材。

本节课隶属于综合实践领域中"数学好玩"这一单元，孩子们从以往的实践活动中积累了学习的经验，活动的经验，比如列表法，低年级中年级学生在数与计算、统计单元、解决问题中都见过并运用过表格。只是他们眼中的表格只是作为一个结果呈现。而五年级这一次运用列表法解决问题是需要先尝试解决，在列表调整，表格中的数据是动态的变化的呈现，后续的学习中，学生还会有运用表格进行调整的情况，并逐步用函数的观念看待表格中变化的数据。

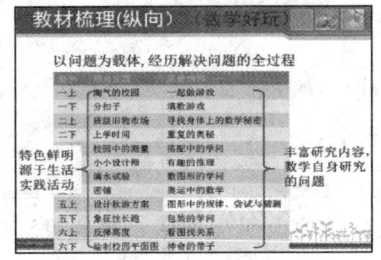
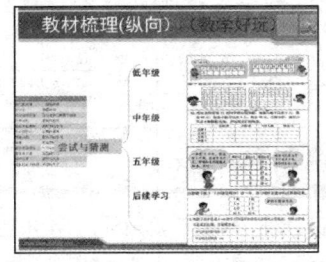

我的思考：通过对教材横向、纵向的梳理之后，我发现教材的设计意图不是为了解决"鸡兔同笼"问题本身，不是为了多种方法解决问题，而是借助"鸡

兔同笼"这个载体让学生经历列表、尝试和不断调整的过程，体会解决问题的一般策略——列表尝试。

(二)学情调研

调研目的：了解学生对《鸡兔同笼》问题的认知以及预测学生学习这部分知识的困难点。

调研方法：采用了问卷调查与个别访谈相结合。

调研人数：五一小学某班 36 人

调研题目 1：笼子里有若干只鸡和兔，共有 20 个头，54 个脚，问鸡兔各有几只？

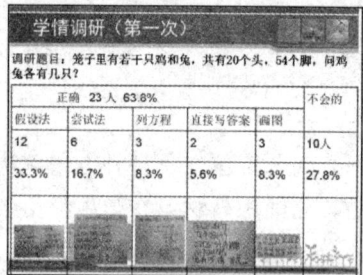 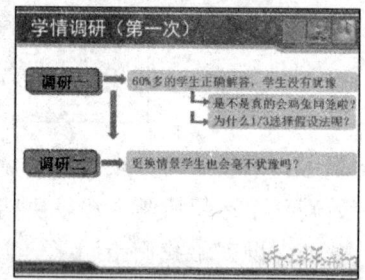

60%多的学生正确解答，学生没有犹豫，是不是真的会鸡兔同笼？为什么 1/3 选择假设法呢？更换情境学生也会毫不犹豫吗？带着这个问题，我进行了第二次调研。

调研题目 2：红小棒每根长 7 厘米、黄小棒每根长 5.5 厘米，红黄小棒共有 10 根，将它们无缝隙、不重叠地连成一条长 65.5 厘米的线段，红黄小棒各有几根？

 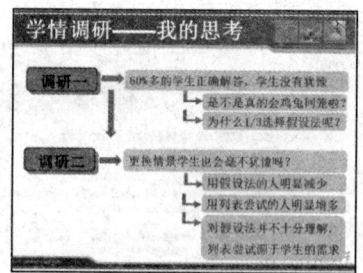

用假设法的人明显减少，用列表尝试的人明显增多，对假设法并不十分理解，列表尝试源于学生的需求。

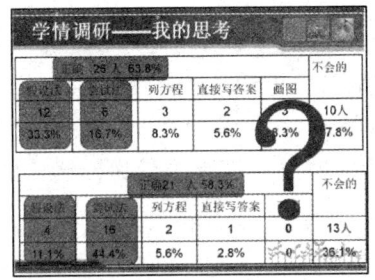 

1. 正确的人数减少。假设法由原来的 33.3% 降为 13.9%，套用公式与真正理解之间还有距离，不能应用到同种类型的问题中。

2. 题目改变，学生选用的方法也发生了变化。不再套用鸡兔同笼公式，选用尝试方法的学生由原来的 16.7% 增长到 44.4%。尝试法源于学生需要。

3. 将鸡兔同笼的改为摆小棍的情景，学生没有了解决问题的底气，不像解决鸡兔同笼问题那样胸有成竹、一蹴而就，往往看到题目先是一愣，慢慢运用所学知识逐渐尝试解决。

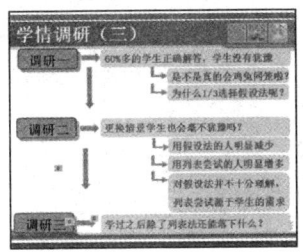 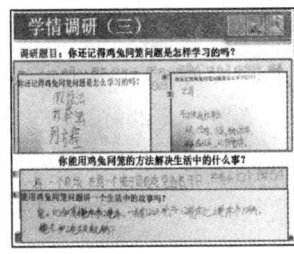 

三、教学目标

1. 教学目标

（1）知识与技能：通过生活情境，体会猜测、尝试、调整方法，掌握解决问题的策略——尝试法，沟通列举法之间的联系。

（2）过程与方法：经历发现提出问题、分析解决问题的全过程，积累活动经验；尝试构建"鸡兔同笼"的模型，初步渗透模型思想。

（3）情感与态度：体会数学与生活的密切联系，培养学生遇到问题敢于剖析、克服困难的信心，增强学生学习的自信心。

2. 教学重点、难点

经历发现、提出问题，分析、解决问题的全过程，积累活动经验，尝试构建"鸡兔同笼"的模型，初步渗透模型思想。

四、教学过程

师：前几天我女儿想喝酸奶，我带她去超市转了转，她喜欢这两种酸奶，你猜猜它们分别多少钱？（每样要一瓶的话比10元多，大瓶的比小瓶的贵，贵得不是很多，小瓶也不是很便宜）你在猜的时候我没有告诉你价钱，你为什么慢慢就猜对了？

(一)提出问题，尝试解决

师：刚才这种蒙牛酸奶每杯6元，畅轻酸奶每杯4.5元，我前面一位顾客买了3杯蒙牛、4杯畅轻，一共花了多少钱？

板书：$6×3+4.5×4=36$ 元

师：蒙牛和畅轻酸奶一共买了10杯，花了54元，那蒙牛和畅轻各买了多少杯？

(1)默读给出的信息，能理解它们的含义吗？

(2)你能提出一个数学问题吗？

(3)想一想，你能解决吗？试一试？

【设计意图】培养学生善于提问的意识，同时让学生感受学习数学的价值。观察现实生活中的具体情境，发现、提出问题。

(二)分析错例，提取信息

1. 关注学生困难

师：哪些同学已经解决了这个问题？其他同学呢？你们做出来了吗？遇到什么困难了？

2. 提取信息

师：既然这道题把大家难住了，我们来看看同学们都做了什么？

(1)这些算式是一些同学的想法，你能知道是什么意思吗？请同学们先独立思考，再小组互相说一说每个算式分别表示什么。

$54÷6=9$

$54÷4.5=12$

$54÷(4.5+6)=5.1…$

$10×6=60$

$6×1+4.5×9=46.5$

(2)反馈

师：同学们说说每个算式表示什么意思啊？这些算式能给你带来什么启

发呢?

(3) $54 \div 6 = 9$

这个算式表示只满足钱数,但不满足杯数。54元的酸奶不都是蒙牛的。这条信息是不是对你的解决问题有点帮助了?

$54 \div 4.5 = 12$

这个算式只满足钱数,但不满足杯数。54元的酸奶不都是畅轻的。

$10 \times 6 = 60$

这个算式只满足杯数,但不满足钱数;54元的酸奶不都是蒙牛的。

$10 \times 4.5 = 45$

这个算式只满足10杯奶,但不满足钱数;54元的酸奶不都是畅轻的。

$54 \div (4.5 + 6) = 5.1$ … 学生摆一摆

$6 \times 1 + 4.5 \times 9 = 46.5$

这个算式说明1杯蒙牛和9杯畅轻凑不成54元。

且行且思,积累研究经验:

(1)你是怎样研究的?

(2)研究中你遇到什么困难了?

(3)这些困难给你了什么启发?

师:经过大家的分析,我们得出了这么多有价值的信息。看来我们在学习中遇到困难,决不能轻易放弃,尝试着写一写,并从中发现有价值的信息,再反思自己的想法,你能受到很大的启发。

【设计意图】在分析错误中,提取正确信息,培养学生善于回头看的良好学习习惯。

(三)剖析困难,寻求方法

师:回过头来,我们再看这道题,这样做,那样做都不行,真是挺难得。你觉得哪儿把你难倒了呢?(4.5是小数;计算量比较大;没有10杯就好了;条件较多;顾了10杯,就顾不了54元,凑了54元,就凑不了10杯。)

师:我们一起来看看,10杯酸奶是什么意思?(54元钱呢。)

师:蒙牛+畅轻=54元,两种酸奶需凑够10杯。

师:哪儿难了?(10杯不知道怎样给蒙牛、畅轻分配;不确定;如果我确定蒙牛的杯数,你发现了什么?)

师:刚才解决的问题也这么难吗?有什么不同?

通过比较我们看到了它们的本质区别,是不是能给我们的解决问题带来点帮助。通过同学们的分析，我发现这个问题还真挺难解决的。又是两种酸奶，又找不到杯数、钱数之间的关系。想一想，有办法了吗？再试一试。学生开始从盲从的尝试到有规律的逐步调整。积累了猜测、尝试、调整的经验，有了调整的方向，逐渐呈现出完善表格，并关注和运用表格中的一些规律进行调整。

【设计意图】在交流与分析中找到解决问题真正困难，以便于学生正确解决问题。

(四)再次尝试，总结方法

师：通过刚才我们的分析，你是不是有点想法了？再试一试。

反馈：

(1)你能看懂她们的做法吗？他们之间有什么相同点、不同点。

(2)小组同学交流

(3)边演示边反馈

第一组反馈：你们组有用这种方法的吗？你为什么要选用尝试的方法呢？

逐一列举　　　　　　居中列举

$6×1+4.5×9=46.5$　　$6×5+4.5×5=52.5$

$6×2+4.5×8=48$　　　$6×6+4.5×4=54$

$6×3+4.5×7=49.5$

$6×4+4.5×6=51$

$6×5+4.5×5=52.5$

$6×6+4.5×4=54$

师：这种方法你能看懂吗？遇到困难，一定要分析困难的原因后，也许就帮助找到解决问题的方法。希望你们在学习中要大胆猜测、尝试，不成功我们可以进行相应的调整。

这两种方法有什么相同的地方？

蒙牛×（　　）＋畅轻×（　　）＝54

师：还有的同学用方程解决的，你能在它的方法里找到这样的算式吗？谁给今天的题目起个名字？用鸡兔同笼问题你能编一道题吗？

算式$6×（　　）+4.5×（　　）=54$怎样改？

第二次且行且思，积累研究经验：

(1)你是怎样尝试、调整的？

(2)同学的研究对你有什么启发？

(3)你有什么好的方法和大家分享？

(4)你积累了哪些研究的经验?

(五)回顾历程,整体提升

1. 逐渐构建"鸡兔同笼"模型

(1)你能给今天内容起个名字吗?

(2)没有鸡和兔,为什么叫鸡兔同笼问题?它们有什么相同点?

(3)你能在生活中找到这样的事吗?

(4)用今天学习的方法你还能解决生活中的什么事?

2. 回顾研究过程,整体提升

提出问题—尝试解决—遇到困难(提取信息、分析原因、找到方法)—解决问题。

3. 第三次且行且思,积累研究经验

(1)回顾一下,我们是怎么研究的?

(2)研究中你有什么收获?

(3)用今天的研究方法你还能研究什么问题?

4. 课堂延伸

乐乐的储蓄罐里有1角和5角的硬币共27枚,总值5.1元,1角和5角的硬币各有多少枚?

五、教学设计特色说明

学生在研究的过程中,借助鸡兔同笼这个载体,以问题为引领,经历研究问题的全过程,这个过程中,学生收获着研究的喜悦,研究的方法,研究的经验,反思的意识,孩子们会渐行渐远。

同时,教师做研究,对教材的定位,核心素养,模型思想,研究意识都有了提升,和孩子们一起成长。

做研究长智慧,给孩子们一个又一个研究的问题,就像找到了一个又一个研究的支点,期待孩子们是撬起地球,改变世界的那个人。

教学反思

虽然课已经上完,同课异构的教研活动也已经结束,但是我知道我们的教学工作并没有结束,我不能停下前进的脚步,是应该静下心来,好好地自我反思、总结的时候了。

一、对教材的分析要全面、到位，把握内在联系，分清主次轻重

从一开始对教材的理解，就让我对本课的教学倍感压力，心中总有个疑惑：有部分学生已经能理解并解释应用假设法来解决问题了，为什么北师大版的教材却不同人教版的教材一样，提倡教给学生运用假设法、画图法、金鸡独立法、代数法、列表法等多种方法解题，甚至是要求教师除了列表法以外的方法都不宜补充教学，以免干扰学生思绪。难道教学不应该从学生已有的知识经验水平出发？学生已经掌握的我们还要给硬逼回原点，从零开始吗？

心中这一连串的疑惑多亏了学校领导和老师们的一语道破，真是一语惊醒梦中人啊！让我重新细细地、全面地解读教材，才明白其实假设法、画图法等与列表法并不是孤立的、互不相干的几部分，而恰恰相反的，假设法、画图法与列表法一样都是在应用假设的数学思想，它们是相互关联的。教材将这一经典、传统的题目"鸡兔同笼"选编为"尝试与猜测"一节，其目的是借助"鸡兔同笼"这个问题作为载体，让学生初步获得一些数学活动的经验，引导学生对一些日常生活中的现象的观察与思考，从而发现一些特殊的规律，体会解决问题的一般策略——列表，即逐一列表法、跳跃列表法和取中列表法。

二、注重思维能力的培养和数学思想的渗透

让学生在参与观察、猜想、验证、综合实践等数学活动中，发展合情推理和演绎推理能力。用数学语言清晰地表达自己的想法是培养学生思维能力的重要途径。从课初的随意猜想到表格中的有序猜想，从一般验证到表格中数据变化规律的发现，从列表法很快自然联想到画图法、假设法，学生的思维经历了从无序到有序、从特殊到一般、从借鉴到创新、从肤浅到深刻等方面的巨大变化，学生的思维能力也随之得到了极大的提升。

教师有意识的向学生渗透数学思想和方法。如：用容易探究的小数量替代《孙子算经》原题中的大数量的"替换法"解决问题，渗透了转化的思想和方法；用"列表法"、"画图法"等解决问题，渗透了假设的思想和方法。这些对于学生而言，无疑奠定了可持续发展的坚实基础。

三、注重数学文化的传承

鸡兔同笼问题是《孙子算经》中一道影响很广的名题，一直流传至日本等国，引起了许多国家的众多数学爱好者的广泛关注。教学中，教师把"数学文化"和《孙子算经》及其中关于鸡兔同笼问题的原题，用课件科学而生动地再现于课堂，极大地激发和调动了学生的探究兴趣，充分地传承和弘扬了经典的数学文化，较好地体现和提升了课堂的教学品味，也让"数学味"萦绕课堂，贯穿

课堂始终。

四、真正让学生亲身经历列表、尝试和不断调整的过程，让不同的学生学有不同的数学

由于学生原有认知水平的不同，存在较大的差异。所以，在同样的列表中，学生的认知水平也有一定的层次。但在教学的过程中，我并没有提出统一的要求，允许不同的学生采用不同的解题方法。在交流时，有些学生用逐一列表的方法，也没去指责他们，而是肯定他们想出的方法有序且不遗漏。再引导学生从上往下看、从下往上看、从左往右看发现规律，体会鸡兔只数变化之间的置换关系。等待学生充分掌握规律，已经跃跃欲试了，教师再指引学生运用自己发现的变化规律在表格中调整验证过程，进行二次调整，快一点找到答案？学生不但可以应用跳跃列表法、取中列表法，来调整过程，而且部分学生已能把跳跃和取中的方法相结合起来列表解决问题。最后引导学生对解题技巧进行归纳与总结：做任何题目的时候，都要先认真思考、分析，根据题目的条件，选择适当的方法，找到解决问题的小窍门！

这样学生在具体的解决问题过程中，他们根据自己的经验，逐步探索不同的方法，找到解决问题的策略；在合作交流学习的过程中，积累解决问题的经验，掌握解决问题的方法。本来只要求从3道题中任选1道题进行解答，没想到一会儿功夫，已经一大部分学生把3道题都解答完了，就因为他们在自己亲身经历的调整过程中学会了将取中和跳跃的方法相结合，所以速度之快。这同时也体现了不同的学生在同一节课中都有不同程度的提高，不同的学生学有不同的数学。

五、关注核心素养，着重学生发展

模型思想：在数学教学中应当引导学生感悟建模过程，发展"模型思想"。"数学模型"是数学符号、数学式子以及数量关系对现实原型简化的本质的描述。广义地说，一切数学概念、数学理论体系、数学公式、数学方程以及由之构成的算法系统都可以称为数学模型。"建模"的过程，实际上就是"数学化"的过程，是学生在数学学习中获得某种带有"模型"意义的数学结构的过程．学生一节课中经历了建模的过程，开始有实际问题引入，然后寻找解决问题的办法，多种方法建立联系和沟通，掌握问题解决的方法，然后将方法运用到类似的实际问题中来，学生经历的完整的建模的过程，积累了学习和思考的经验，使得今后的学习中，能运用和泛化学习方法，学习能力得以提升。

关注学习过程，关注建模的过程，教学更注重把所学的数学知识应用到生活中去，用数学的眼光看待身边的事物，体会数学的价值。这堂课研究的方法多，容量大，有的地方只是蜻蜓点水，部分学生理解上还有点问题，我想将在练习课中进一步完善。一句话：尊重学生的思维水平。

专家点评

《尝试与猜想》一课研究的是北师大版教材五年级下册"数学好玩"中安排的"鸡兔同笼"问题，教学设计凸显了如下三个特点。

1. 教材分析透彻，目标把握准确。高老师横向分析了人教版、苏教版、北师大版教材"鸡兔同笼问题"的编写特点，又纵向分析了北师大版教材"数学好玩"栏目所编排的教学内容。通过教材分析，明确了本课的教学目标：以"鸡兔同笼"内容为载体，让学生感悟"列表、尝试、调整"的数学思想方法，帮助学生积累探究解决问题的经验。也了解了学生通过以前"数学好玩"内容的学习积累了哪些"列表、尝试、调整"解决问题的经验。

2. 认真研究学生，通过课前调研准确把握学情。作为小学数学教师研究数学很重要，研究儿童更重要。在每节课前通过学情调研，找准学生的认知起点，能让教学设计更具针对性。高老师进行了两次学情调研，通过调研发现一部分学生会用抽象的"假设法"解决鸡兔同笼问题，但是他们只知其形，不明其理，一旦问题情境发生了变化，就不知道该如何进行假设了。用"列表、尝试、调整"的方法解决鸡兔同笼问题是学生的需求，能让学生在解决问题的同时，理解数量关系、感悟数学思想方法、积累数学活动经验。

3. 创造性使用教材，让数学学习内容更贴近学生的生活实际。"鸡兔同笼"问题是我国古代经典的数学问题，但是问题情境离学生有些远，很多孩子对"鸡兔同笼"问题有自己的不解：鸡和兔怎么能关在同一个笼子里呢？面对"鸡兔同笼"问题，很多学生首先想到的就是抽象的"假设方法"。根据学生的现状，高老师创设了"购买酸奶"的问题情境。通过创造性使用教材，让数学学习内容更贴近学生的生活实际，唤起了学生的生活经验，也让"列表、尝试、调整"的方法成为学生探究解决问题的需求。

点评人：贾福录（北京教科院基教研中心教研员）

《从分数到分式》教学设计

首都师范大学附属中学第一分校　赫秀辉

学科：数学　　学段：第四学段　　年级：八年级　　教材：人教版

一、指导思想与理论依据

依据认知心理学家奥苏贝尔的先行组织者理论，以实际问题为引导性材料，对所要学习的内容加以定向和引导。本节课根据数学概念学习的认知理论，对从实例中获得的新的代数式进行分析，抽象出共同的本质属性，得到分式的概念，使学生在原有的认知结构上，形成新的认知结构。

《义务教育数学课程标准》提出了数感、符号意识、应用意识和创新意识等，学生之前已经经历从有理数到整式的思维提升，本章中学生的思维还要经历从分数到分式，将来再到反比例函数的又一次螺旋式上升。在这个历程中，学生的数学素养将进一步得到提升。

二、教学背景分析

(一)学习内容分析

分式是分数的一般形式，是中学知识体系的重要组成部分。从整数到分数是数的扩充，从整式到分式是式的扩充。分式作为某些实际问题的数学模型有着整式不可替代的作用。本节课是分式单元起始课，是进一步学习分式性质、运算、解分式方程以及后续学习反比例函数的基础。本节课的主要内容是分式的概念、分式有意义的条件。

(二)研究方法分析

分数与分式联系紧密，分式是分数的进一步抽象，是在分数概念基础上进行的更高层次的符号化、形式化，是分数概念一般化的结果。因此，可以通过类比分数的概念、性质和运算法则，得出分式的概念、性质和运算法则。从分数到分式的研究，既有助于培养学生的分析、抽象、归纳、概括的能力，也是对类比等数学思想方法和数学研究方法的渗透。

(三)学生情况分析

1. 已具备的基础与能力：从知识上说，学生已经学习了分数和整式，并且掌握了分数和整式的运算；从能力上说，对于已学知识或用过的数学思想方法有一定的应用意识。

2. 可能遇到的困难：多数学生对由分数类比到分式的过渡不会感到困难，但对于认识分式的结构，理解运用分式有意义的条件需要有一个过程。

三、教学目标

1. 教学目标

(1)理解分式的概念，能确定分式有意义的条件，能用分式表示数量关系。

(2)通过解决实际问题，抽象出分式概念，体会分式是刻画现实世界中数量关系的一类代数式。

(3)经历观察、归纳、类比的过程，积累数学活动经验，感受从具体到抽象，从特殊到一般的认识过程。通过分式概念的获得，学生体会研究代数问题的一般思路。

2. 教学重点

分式概念、分式有意义的条件

3. 教学难点

分式有意义的条件

四、教学过程与教学资源设计

环节	教学内容	师生活动	设计意图
设置情境 任务定向	【投影1】 一艘轮船在静水中的速度为 30 千米/小时，水流的速度为 v 千米/时。 (1)这艘轮船顺流航行的速度是多少？逆流航行的速度是多少？ (2)顺流航行 t 小时，航行多少千米？ (3)如果顺流航行 90 千米所用的时间与逆流航行 60 千米所用的时间相同，能求出水流的速度吗？ 问题： 第(3)问中所得的两个代数式是我们不了解的，在数学中我们该怎样研究新的对象呢？	学生独立给出回答 教师引导学生说出解决问题的思路，对新的认知冲突提出解决思路 明确本章研究的问题及研究的思路和方法。	通过识别所得代数式，发现新的代数式，引发认知冲突，为下面的研究作铺垫 突出本节课作为章起始课的作用

续表

环节	教学内容	师生活动	设计意图
实例入手 概念初探	[投影2] 1. 长方形的面积是 $10cm^2$，长为 $7cm$，则宽为多少 cm；长方形的面积为 S，长为 a，则宽为多少？ 2. 某校有 n 名学生，在一次向灾区捐款活动中共捐款 5000 元，平均每人捐款多少元？ 3. 把体积为 $200cm^3$ 的水倒入底面积为 $33cm^2$ 的圆柱形容器中，则水面高度为多少 cm； 4. 把体积为 V 的水倒入底面积为 S 的圆柱形容器中，则水面高度为多少 cm？ 上面问题中出现了分式 $\frac{10}{7}$，$\frac{S}{a}$，$\frac{5000}{n}$，$30+v$，$30-v$，$\frac{90}{30+v}$，$\frac{60}{30-v}$，$\frac{V}{S}$，$\frac{200}{33}$ 问题： (1) 上述代数式哪些是你认识的，哪些我们以前没有遇到过？ (2) 这些新的代数式有什么共同特点？它们与分数有什么相同点和不同点？ 定义：一般地，如果 A，B 都表示整式，且 B 中含有字母，那么称 $\frac{A}{B}$ 为分式。其中 A 叫做分式的分子，B 为分式的分母。	学生独立得出答案，教师引导学生订正答案 学生以小组为单位讨论 学生试着给分式下定义 教师板书定义 每个学生举出两例，同组其他同学判断	通过实际问题情境，感受分式是刻画现实生活中数量关系的一类代数式 渗透代数式的模型意识 从具体的代数式抽象出分式的定义，认识整式与分式区别
对比辨析 深化理解	练习1. 下列式子哪些是整式，哪些是分式？ (1) $\frac{m-n}{m+n}$ (2) $\frac{x}{x-2}$ (3) $\frac{c}{3(a-b)}$ (4) $\frac{s}{3+s}$ (5) $\frac{3}{\pi}$ (6) $\frac{2a-5}{3}$ (7) $\frac{2}{b-s}$ (8) $2x^2+\frac{1}{5}$ 问题： 1. 给出字母一个确定的值，可以求出整式的值，类比整式，请你选一个数作为 x 的值，求出 $\frac{x}{x-2}$ 的值。（学生通过填写表格完成） 2. 给定字母不同的值得到了不同的结果，说明了什么？ 3. 那么字母是否可以取任何值呢？	学生利用概念进行判断 填写表格	通过辨析，使学生明确分母是否是分式本质特征 体会分式是分数的一般形式，感受字母与分式值得对应关系 自然引出分式有意义的问题

续表

环节	教学内容	师生活动	设计意图
问题牵引 再次探究	问题：你认为分式有意义的条件是什么？ 练习2. 下列字母满足什么条件时分式有意义？ (1)当 m ____时，分式 $\dfrac{n}{4m}$ 有意义； (2)当 x ____时，分式 $\dfrac{x+5}{x+7}$ 有意义； (3)当 m ____时，分式 $\dfrac{2}{7-4m}$ 有意义； (4)当 x ____时，分式 $\dfrac{1}{x^2-1}$ 有意义； (5)当 a,b 满足关系____时，分式 $\dfrac{a+b}{a-b}$ 有意义。 练习3. 请写出满足条件的一个分式： (1)使其分子是 $x-3$，且在 $x \neq 1$ 时有意义； (2)使其分子是 $x-3$，且当 x 取任意实数时，分式有意义； (3)使其当 $x=3$ 时，分式的值为0； (4)使其同时满足： ①在 $x \neq 1$ 时有意义； ②当 $x=3$ 时分式的值为0。	根据分数有意义的条件给出分式有意义的条件	使学生理解分式有意义的条件 根据分式有意义的条件求字母所满足的条件 深化对分式有意义的条件的理解
拓展知识 引发思考	问题： 1. 在分式中，对分子有要求吗？ 2. 当 x 为何值时,下列分式的值为零？ (1) $\dfrac{x-4}{x+2}$ (2) $\dfrac{x^2-1}{x+1}$	学生在组内交流答案，教师引导学生有序写出满足条件的方程或不等式	进一步注意分式有意义的条件
课堂总结 归纳提升	1. 这节课你学到了什么？ 2. 怎样学到的？	从知识和方法方面进行总结	通过总结，提炼思维方法，促进思维品质提升

五、学习效果评价设计

课堂表现：

1. 学生的参与度与积极性；
2. 课堂练习的完成情况

六、教学设计特色说明

1. 突出章节起始课的作用

作为起始课，本节课有两个核心任务，一是分式的概念，二是构建研究分式的思路。教学中设计一个实际问题，引发认知冲突，从而引导学生主动构建研究问题的思路。

2. 突出思维引领和思想方法的引导

数学教学的核心目标之一是培养学生的数学思维。本节课通过具体的实例，发现新的代数式，引导学生观察、归纳这些代数式的共性，抽象本质，最后获得分式的概念。

3. 注重知识的内部联系

从分数有意义到分式有意义，从判断分母是否为 0 到求解分式值为 0，既是知识的同化迁移，也是知识的调整和重组。

教学反思

分式是分数的一般形式，是中学知识体系的重要组成部分。从整数到分数是数的扩充，从整式到分式是式的扩充。分式作为一类重要的代数式，是研究函数、方程、不等式的重要载体。同时，分式作为某些实际问题的数学模型，有着整式不可替代的作用。"15.1.1 从分数到分式"一节的内容是进一步学习分式性质、运算、解分式方程以及后续学习反比例函数的基础。因此，本节课的教学有着重要的意义。我对这节课的教学有以下几点思考：

一、重视章节起始课的引入环节

本节课是分式单元的第一节课，也是全章的起始课。一般说来，起始课有两个核心作用，一是获得研究对象，二是构建研究路径。本节课的主要内容是分式的概念、分式有意义的条件。因此，在本节课中要获得的研究对象是分式的概念。那么就涉及一个问题，如何引入本节课？我预设了两种引入，一是从运算的角度引入，比如给一些整式，让学生用其中的任意两个，通过四则运算构造四个算式，当然也就构造出新的式子——分式。这种引入从数学的逻辑上是没有问题的，但是，在义务教育阶段，课程标准对整式的除法不做要求。因此，这种做法有偏离课标的要求之嫌，无形中给一些学生的学习增加了不必要的难度。另一种是用实际问题作为引入环节的材料，从中获得新的代数式。通过这样的情境让学生明确本节课乃至这一章研究的对象及研究的思路。翻阅各种版本的教材，不难发现，用实际问题引入是教材倡导的。这种方法最符合教材的编写理念，同时也符合分式的价值取向——分式及分式方程作为某些实际问题的数学模型，是整式无法替代的。通过引入环节的设计应该让学生体会到，在实际问题的解决中有新的代数式，这些代数式是之前没有学习过的。它们具有怎样的性质，如何进行运算，有怎样的应用？这是本章将要研究的问题。以实际问题为引导性材料，对所要学习的内容加以定向和引导，也符合"先行组织者"理论。

二、对分数与分式关系的认识

很多人认为，分数与分式联系紧密，二者是具体与抽象、特殊与一般的关系。通过学习我认为这个说法没有完全体现代数概念和代数思维的特点。代数概念具有符号化、形式化的特征，代数思维有抽象化、一般化、结构化的特征。所以，分式概念是分数概念的进一步抽象，是在分数概念基础上进行的更高层次的符号化、形式化，是分数概念一般化的结果，体现了分式的结构。分式具有分数的"形式"，即包含分子、分母、分数线，表示除的关系；分母中必须含有字母。另外一点，也是教学中常被忽略的一点，那就是字母的取值具有任意性，而不是一个固定不变的数。学生忽略了分式的这种结构特征，就会犯一些错误。因此在教学中我设计了填写表格求 $\dfrac{x}{x-2}$ 的值，这样处理的目的有三个，一是让学生体会与分数相比，分式更具一般性；二是获得分式有意义的条件；三是从中体会分式值与字母的对应关系。

三、关于练习题目的设计

本节课的教学中重点是分式概念、分式有意义的条件。所以在教学设计时我把关注点放在如何落实重点，怎样突破难点上，通过设置有效地教学情境引导学生获得分式的概念，帮助学生理解分式有意义的条件。在这些环节中应让学生充分思考、交流、讨论，在原有认知结构基础上建立新的认知结构。而设置的练习着眼于有助于学生理解分式的概念及分式有意义的条件。比如最后一组练习是"分式值为 0 时求字母的值",看似是在解分式方程,而分式方程的内容在后面还会专门研究,所以我没有选择复杂的分式结构,因为我的定位不在于会解方程,而是定位于通过这类练习,引导学生在解决问题过程中有意识地注意分式有意义地条件。

四、关于数学思想方法的渗透

数学教学的核心目标之一是培养学生的数学思维。由于分数与分式具有的特有关系,因此可以通过类比分数的概念、性质和运算法则,得出分式的概念、性质和运算法则。本节课对从实例中获得的新的代数式进行分析,观察代数式的结构特征,抽象出共同的本质属性,类比分数归纳出分式概念。通过这个过程,让学生经历了从特殊到一般,从具体到抽象的思维过程,实现了从分数到分式的过渡,使学生在原有的认知结构的基础上,形成新的认知结构,符合数学概念学习的认知理念。因此,从分数到分式的研究,是对类比这一数学思想方法的渗透,也能进一步培养学生观察归纳、抽象概括的能力。

专家点评

学习心理学指出:学习是认识结构的重组,是主动形成新的认知结构的过程。学生原认知结构中已有知识经验的清晰度,以及学习的动机在新的学习中起着重要的作用。本设计通过实例引入,复习、巩固了分数、整式等知识,还可以将其作为接纳新知识的固定点,同时在知识准备、激发学习动机和启迪思维活动方面帮助学生做好了学习《从分数到分式》的认识准备。

分式定义的引入运用了"类比—猜想"的方法,渗透了数学思想方法的教育。在使学生明确了分式概念的内涵之后,教师运用变式的方法引导学生选一个数作为 x 的值,求出 $\dfrac{x}{x-2}$ 的值(填写表格),通过尝试学生发现:x 取不同的值得到了不同的 $\dfrac{x}{x-2}$ 的值,x 可以取很多值,但不可以任意取值,当 x 取 2 时分式的分母为零,从而引出分式有意义的条件。这一处理展现了知识的形成过程和学生的思维过程,发展了学生的数学能力,也显示出教师娴熟的教学技巧。

纵观整个教学设计,不仅有着明确的教学目标和恰当的教材处理,而且教学方法灵活多变。真正把学习的主动权交给了学生，学生自然地获得知识和技能，教师精心创设的学习的情景(问题情境)，恰当地组织和引导学生进行学习活动，把教学目标化成了学生的学习目标，达到了教与学的统一。是一堂很好的数学概念课教学设计。

点评人：张文娣(首师大附中特级教师)

《相似三角形应用举例》教学设计

北京市育英学校航天校区　张蓝心

学科：数学　　　学段：第四学段　　　年级：九年级

教材：数学（人教版）

一、指导思想与理论依据

在数学课程中，除了注重发展学生的运算能力、推理能力和模型思想等，要特别注重发展学生的应用意识和创新意识。借助教材的特色，引导学生自主探究，提高学生数学核心素养，是我对课堂教学的追求。在"相似三角形应用举例(2)"这节课，学生分组实践，合作探究，运用相似三角形的性质和判定解决生活中的实际问题，培养学生的数学建模等数学核心素养。此教学设计定位为"合作探究积累经验，建立模型解决问题"。

二、教学背景分析

(一)教学内容分析

相似是生活中常见的现象，相似图形的性质在实际中有着广泛的应用。本章是前面学习三角形和全等三角形的延续，是学习锐角三角函数的基础。图形的相似是"图形的变化"的主要内容之一，研究的主题是图形形状之间的关系。全等是一种特殊的相似，相似三角形承接全等三角形，其对应边从特殊的相等到一般的成比例，转化为解方程问题，实现几何问题的代数化。

"相似三角形应用举例"是相似三角形的性质和判定的应用，本节的知识对于建筑设计、测量、绘图等实际工作有重要价值。第1节课通过两个问题举例说明相似三角形在测量物高方面的应用，为解决实际问题做出示范。本节课是第2节，结合教材54页的数学活动，运用相似三角形模型测量旗杆的高度等，为发展学生的模型思想提供了很好的载体。

(二)学生情况分析

学生有用构造全等三角形的方法求河宽的经验；已学习了相似三角形的性质和判定，在老师指导下解决了简单的测量物高问题，积累了应用相似三角形的知识解决简单测量方面问题的经验。在应用知识解决实际问题时，如何设计方案，建立什么样的数学模型，学生在这方面存在困难。

因此，遵循学生的认知规律，针对学生的实际情况，在教学活动中，我采用分组实践、合作探究的方法，学生设计测量方案，在实践过程中体会建立数学模型的方法，培养学生的数学建模等核心素养。

三、教学目标

1. 教学目标

(1)能够运用相似三角形的知识，解决简单的不能直接测量问题。

(2)经历用相似三角形的知识解决简单的实际问题的过程，体会模型思想，培养学生的应用意识和创新意识。

(3)学生在合作探究解决实际问题的过程中，体验成功的喜悦，培养学生合作意识和勇于探索的精神。

2. 教学重点

运用相似的知识解决简单的不能直接测量的物高或宽度问题。

3. 教学难点

设计可行的测量方案解决问题。

突出重点的关键是设计相似三角形的数学模型测量物高或者河宽等；突破难点的关键是在设计测量方案时，确保要测的物高或者河宽是一组相似三角形的一边，而它的对应边是可知的，另外有一组对应边可知，满足知三求一的条件。

四、教学过程与教学资源设计

(一)创设情境，分组展示

上节课我们布置了作业：选择校园内不易直接测量的建筑或旗杆等，设计方案并实地测量。

结合之前发的任务单，给学生2分钟时间准备展示，小组内交流如下问题：

1. 如何测量的？
2. 其数学依据是什么？
3. 测量了哪些数据？
4. 计算结果是多少？
5. 测量过程中要注意的问题？
6. 活动过程的体会？

预设问题：(1)出现几种不同的方法，学生没用到的方法，老师补充；(2)

对同一事物，各组学生测量的结果可能不同，为什么？(3)出现的问题？(4)学生活动过程中有什么独特的感受？

（备用方案）方法一：利用太阳光线照射的影子

方法二：影子共线且影子的顶端重合

方法三：利用小镜子

方法四：利用三角板

教师点评：反思几种方法的共性是什么？

1. 构建了什么数学模型？相似三角形
2. 这些模型是如何构造的？从图形变化的角度看
3. 把实际问题转化为数学问题的过程？

(1)测量的任务是什么？测某物的高。

(2)把实际问题化为数学问题，其实质是求什么？测某线段的长。

(3)如何求线段的长？寻求解题途径。如果可以直接测量则通过测量得到；如果不能直接测量，则通过计算得到。如果把未知线段长设为 x，则需要列方程计算。

(4)如何列方程？据相似三角形的性质，得到成比例线段，知三求一。

(5)对"知三求一"中的三有什么要求？或者用相似的性质来解决问题的关键是什么？

在一组相似三角形中，欲求线段的对应边可知，还有一组对应线段可知。

【设计意图】针对学生的展示情况，发现问题并解决问题，交流活动经验。提炼不同方法的共同点，体会把实际问题转化为数学问题，建立模型的过程。用板书梳理思路。

(二)自主探究，合作交流

把前面测量物高问题的经验迁移到另一类实际问题测河宽。据说以前每年尼罗河河水泛滥需要重新测量土地，得到多边形的各种数据，介绍测量对几何发展的意义。(出示图片)这是尼罗河的图片，请同学们设计测量河宽的方案。给学生 5－8 分钟时间，自主探究，合作交流。

每种方法的数学依据：相似三角形的基本图形。

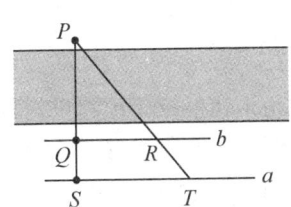 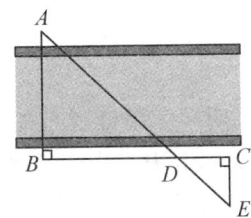

要考虑学生设计各种方案的可行性，不是在河上任意构造相似三角形。

【设计意图】复习相似三角形的知识，并应用解决问题。

预设：可能出现用比例尺计算河宽。

提出新问题：生活中还可以用相似三角形的知识解决哪些问题？

(三)归纳总结，课后延伸

小结：

1．如何测量旗杆、河宽？其数学依据是什么？实际问题转化为数学问题；构造相似三角形，用相似三角形的性质列方程。

2．设计测量旗杆、河宽的方案的关键是什么？方案的可行性和方案的优化。

3．积累的活动经验？

【设计意图】从知识、方法、情感态度三个角度总结

分层布置作业：

1．基础练习(运用相似三角形的知识解决简单的实际问题，落实知识。)

(1)如图，在某一时刻，测得一根高为 $1.8m$ 的竹竿的影长为 $3m$，同时测

得一栋高楼的影长为 90m，则这栋高楼的高度是_____m.

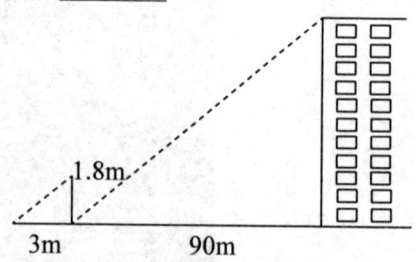

(2)如图，测得 $BD=120$m，$DC=60$m，$EC=50$m，则河宽 $AB=$_____m.

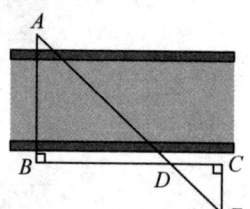

(3)如图，小明同学用自制的直角三角形纸板 DEF 测量树的高度 AB，他调整自己的位置，设法使斜边 DF 保持水平，并且边 DE 与点 B 在同一直线上．已知纸板的两条直角边 $DE=40$cm，$EF=20$cm，测得边 DF 离地面的高度 $AC=1.5$m，$CD=8$m，则树高 $AB=$_____m.

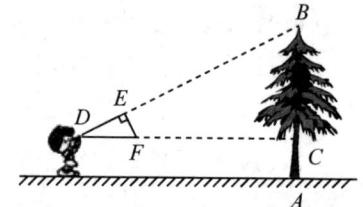

(4)如图，已知零件的外径为 25mm，现用一个交叉卡钳(两条尺长 AC 和 BD 相等，$OC=OD$)量零件的内孔直径 AB. 若 $OC:OA=1:2$，量得 $CD=10$mm，则零件的厚度 $x=$_____mm.

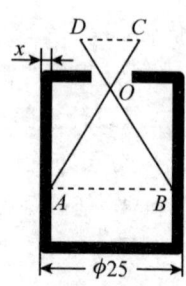

2. 总结求线段长的方法，完成一份手抄报.（周末作业）

3. 思考题：一天，数学课外活动小组的同学们，带着皮尺去测量某河道因挖沙形成的"圆锥形坑"的深度，来评估这些坑道对河道的影响，如图是同学们选择（确保测量过程中无安全隐患）的测量对象，测量方案如下：

①先测出沙坑坑沿的圆周长 34.54 米；

②甲同学直立于沙坑坑沿的圆周所在的平面上，经过适当调整自己所处的位置，当他位于 B 时恰好他的视线经过沙坑坑沿圆周上一点 A 看到坑底 S（甲同学的视线起点 C 与点 A，点 S 三点共线），经测量：$AB = 1.2$ 米，$BC = 1.6$ 米。

根据以上测量数据，求圆锥形坑的深度（圆锥的高）。（π 取 3.14，结果精确到 0.1 米）

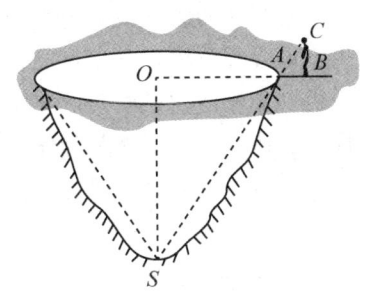

【设计意图】鼓励学生用相似知识解决新的测量问题，培养学生阅读能力。

五、板书设计

27.2.3 相似三角形应用举例(2)

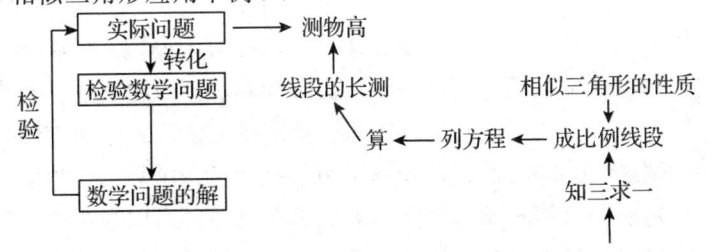

六、学习效果评价设计

1. 课内评价。师生认真倾听，积极思考，用热烈的掌声鼓励展示的同学，营造良好的学习环境。对于每种测量方案，更关注操作行为后面的数学依据。抓住展示中出现的问题，分析出现问题（误差）的原因，培养学生探究的精神。

2. 课后评价。作业的正确率反馈学生课堂学习情况。作业的基础练习的正确率是100%。学生主动做了思考题，正确率90%，错误原因是运算出错。说明多数学生已掌握运用相似三角形的知识解决简单的实际问题。从学生的手抄报来看，学生发现可用相似、全等、勾股定理、特殊角的直角三角形的知识求边，把新旧知识串起来。

七、教学设计特色说明

本节课的教学设计定位为"合作探究积累经验，建立模型解决问题"。为学生创设合理情境，学生自己设计测量方案，实践检验可行性，探究出现误差的原因，交流活动经验，形成积极的情感、态度。既培养学生思维独特性、批判性、创造性，又培养其合作精神，使学生成为具有深度学习能力的学习者。

教学反思

这节课的准备过程比较短促，观看课堂实录，颇有感触。

从我得知课题始，就反复思量，教材内容的本质是什么，通过教学想培养什么，里面蕴含什么样的数学核心素养。我设计教学的指导思想是什么，想带学生到哪里去，学生现在在哪里，如何实现目标。

从知识的角度来看，相似三角形的应用，主要运用相似三角形的性质与判定解决简单的与测量有关的实际问题，建立恰当的数学模型，把实际问题转化为数学问题，通过数学问题的解从而解决实际问题。测量物高或者河宽的实际问题，除了运用相似三角形的知识，还可以有别的方法吗？学生在学习全等三角形的时候，做过类似的题目；在今后学习了锐角三角函数后，也会涉及相关问题。相似三角形与全等三角形相比，其优势在哪里？可以通过相似三角形的对应线段成比例，列方程求出未知的线段，实现几何问题的代数化。与锐角三角函数的应用相比呢？应用相似三角形解决问题时，从图形的变化角度识图，关注所构造的相似三角形间的关系。教学内容提供了培养数学建模等核心素养的载体。如何借助教材的特色，引导学生自主探究，提高学生数学核心素养，是我设计课堂教学的出发点。如果只是停留在解决课本上的问题，学生的认识比较肤浅，而教材54页的数学活动，提供了实践的机会，有助于学生把课内学习与课后实践相结合，培养学生的应用意识和模型思想。故把教学设计定位为"合作探究积累经验，建立模型解决问题"。

再反观课堂的实施过程，本节课的环节简单清晰。在创设情境，分组展示环节，学生汇报课前测量活动的结果，交流活动感受，学生的精彩汇报是学生间相互学习的重要方式。而老师引导学生分析总结，短暂的几分钟，老师一边板书，一边引导学生梳理把实际问题转化为数学问题的过程，尤其是引导学生分析构造相似三角形，"知三求一"得到未知线段长的过程，起到了画龙点睛的作用。在合作探究，建立模型环节，通过介绍很久以前，尼罗河河水泛滥需要测量几何图形的边等，让学生感受测量对几何发展的意义，又创设了较好的实际背景。学生把测量物高的经验迁移到测量河宽的问题，设计不同的测量方案。

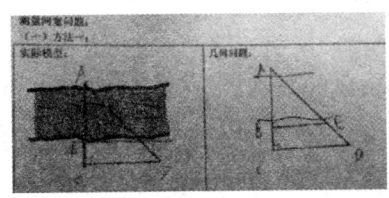

图 1

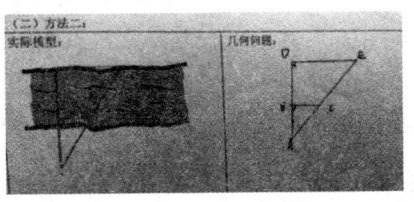

图 2

如图1、2，这是学生设计的测量方案之一，从数学的角度看都可求，但方案二实际操作起来有困难，它需要测量者分别在河的两岸进行测量。正是在这样的比较中，学生对测量方案的可行性和方案的优化有了更深的认识。学生还出现了用比例尺的方法，先把船按照与河岸垂直的角度停放，俯视拍照片得到船长与河宽的比例，再测船长，计算河宽。课堂的精彩在于学生积极思维后的课堂生成，而老师通过设计恰当的问题引导学生思考交流。在归纳总结，课后延伸环节，通过作业，除了落实知识，还总结梳理了求线段长的方法，体现了课外学习是课内学习的延续。

关于实践活动，多数学生是通过看书54页的实践活动，参考了书上提供的测旗杆的三种方法，在作业纸上画出相似三角形的图形，建立数学模型，再去测量图形中的对应线段。可是由于实际环境的限制，旗杆太高，冬季的阳光多是斜照，不具备测量旗杆的影子的条件。学生果断放弃测旗杆的高度，改测量篮球架的高度。学生在测量时能借助操场上的实物，如练习篮球的标志杆，其影长很好测量。观察到同一时刻标志杆的影子略有不同，选择影子平行的标志杆。在测量的过程中感受到借助三角板测量的优点及用镜子测量的便利,选择优化解决问题的方案。测量工具的准备,测量过程中的分工,汇报材料的整理等,小组成员间的合作也很重要。学生在这个过程中积累了实践活动的经验。

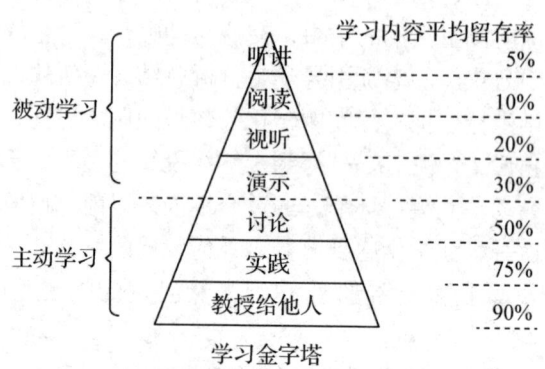

数学核心素养是核心素养在数学学科上的体现,数学核心素养是数学课堂教学的主线。学生数学核心素养的发展是衡量课堂教学效率与效益的重要依据。培养数学核心素养不仅基于知识本身,还基于知识获得的过程与方法。本节课从情境与问题、知识与技能、思维与表达、交流与反思四个方面培养学生的数学建模等核心素养。学生自己设计测量方案,实践检验可行性,探究出现误差的原因,交流活动经验,形成积极的情感、态度,具有其独特性、批判性、创造性,又有合作精神,意在培养学生成为具有深度学习能力的学习者。正是由于学生的充分参与,符合学习金字塔理论(如图),学习内容平均留存率达到80%以上。老师通过测量报告单的设计、展示要求等多种方式,引导学生体会把实际问题转化为数学问题的过程,发展模型意识,培养学生的数学建模的核心素养。

专家点评

人教版《义务教育教科书·数学(初中版)》是根据教育部制定的《义务教育数学课程标准(2011年版)》编写的,内容包括数与代数、图形与几何、统计与概率、综合与实践四个领域,在体系结构的设计上力求反映这些内容之间的联系与综合,使它们成为一个有机的整体,其中"综合与实践"领域多以"课题学习"和"数学活动"等形式分散地编排于各章之中。根据《相似三角形应用举例》教学设计的教学内容分析、教学目标及教学过程来看,此设计属数学活动课。

　　数学活动课是在教师的指导下，通过学生自主活动，以获得直接经验和培养实践能力的课程。它具有教育性、创造性和实践性，可以激励学生主动参与、主动实践、主动思考、主动探究、主动创造，可以弥补数学学科实践能力的不足，倡导参与、探索、思考、实践的学习理念，体现新课程理念所倡导的自主、探究、合作、交流的学习方式。

　　《相似三角形应用举例》教学设计是一节设计合理的数学活动课。具有以下几个特点：

　　一、制定切实可行的活动方案，体现活动目标的导向性。数学活动课要联系学生生活实际及知识水平、认知能力，努力做到目的明确、计划周密。对学生自主设计的实践活动方案，教师要多加指导，以提高方案的可行性，防止活动流于形式、走过场。

　　二、突出学生的主体地位，体现教师的主导作用。学生是学习的主体，是活动的主角。教师只是活动的组织者、指导者和参与者。对学生不宜限制过多，切忌包办代替。

　　三、加强活动的交流总结，体现"在过程中学"的教学理念。客观、正确地评价具有导向性和激励性，活动结束后，应及时组织学生进行评价。在自我评价、小组评价和教师评价中，交流体会，总结经验，升华知识，体现"在过程中学"的教学理念。

点评人：张文娣（首师大附中特级教师）

英语

《Happy Holidays》教学设计

北京市海淀区图强第二小学　陈微微

学科：英语　　学段：第一学段　　年级：二年级　　教材：人教版

一、指导思想与理论依据

《英语课程标准》中指出，语言学习具有明显的渐进性和持续性特征，学习语言需要逐渐积累。因此课前教师全面梳理了教材，在本课的教学中，教师将在教授新知的同时结合旧知，在多种思维活动中滚动复现所学语言，同时发散学生思维，延伸扩展所学内容，最终达到使用语言表达思想、解决问题的目的。文化品格是英语学科核心素养中的重要组成部分，本课是教材中初次出现与西方节日文化有关的内容。课前教师搜集大量相关资源，在每个教学活动中体现文化的渗透，让学生在学习语言过程中时刻感受西方文化，为今后进行跨文化交际，实现国际理解，最终形成良好文化品格打下良好基础。

二、教学背景分析

（一）教材分析

本课是人民教育出版社出版的义务教育教科书《英语》二年级上册第6单元第一课时。本课时具体内容为：

A项：借助歌谣和生活场景图情景化地呈现与圣诞节相关的词汇 Father Christmas, Christmas tree, card, present 以及功能句 Merry Christmas, Mum! You too! Here is a present for you. Thank you.

B项：学生通过角色扮演活动，操练圣诞节祝福语及赠送礼物的功能句 Merry Christmas! You too! Here is a present for you. Thank you.

C项：再次说唱歌谣。

本课教学内容为全新的语言知识，在此前的教材中没有涉及节日的语言知识。

(二)学情分析

1. 生活经验

本节课的授课对象是我校二年级的学生,课前教师通过访谈发现,学生对于圣诞节的话题,没有真实的生活经验,只知道有这样一个节日。此外,我校部分学生来自外地务工家庭,对于圣诞节这个话题比较陌生。

2. 语言基础

学生在一年级学过有关颜色、数量、位置关系等词汇,本册书第三单元学过例如高、矮、大、美等修饰性词汇,第五单元学过 There be…句型,以上语言可以与本节课教学内容相结合。

三、教学目标

1. 教学目标

(1)能够听懂、会说与圣诞节有关的五个词汇:Christmas,Father Christmas,Christmas tree,card,present。

(2)能够使用功能句 Merry Christmas! You too! Here is a present for you. Thank you. 表示圣诞的祝福及赠送礼物。

(3)能够在活动中初步了解有关圣诞节的文化背景知识。

2. 教学重点

(1)与圣诞节有关的五个词汇。

(2)圣诞节的情境中表达圣诞祝福和互赠圣诞礼物的用语。

3. 教学难点

学会表达赠送物品的句型 Here is … for you.

四、教学准备

1. 教师准备

单词卡片、贺卡、贴画。

2. 学生准备

单词卡片、胶棒。

五、教学流程示意

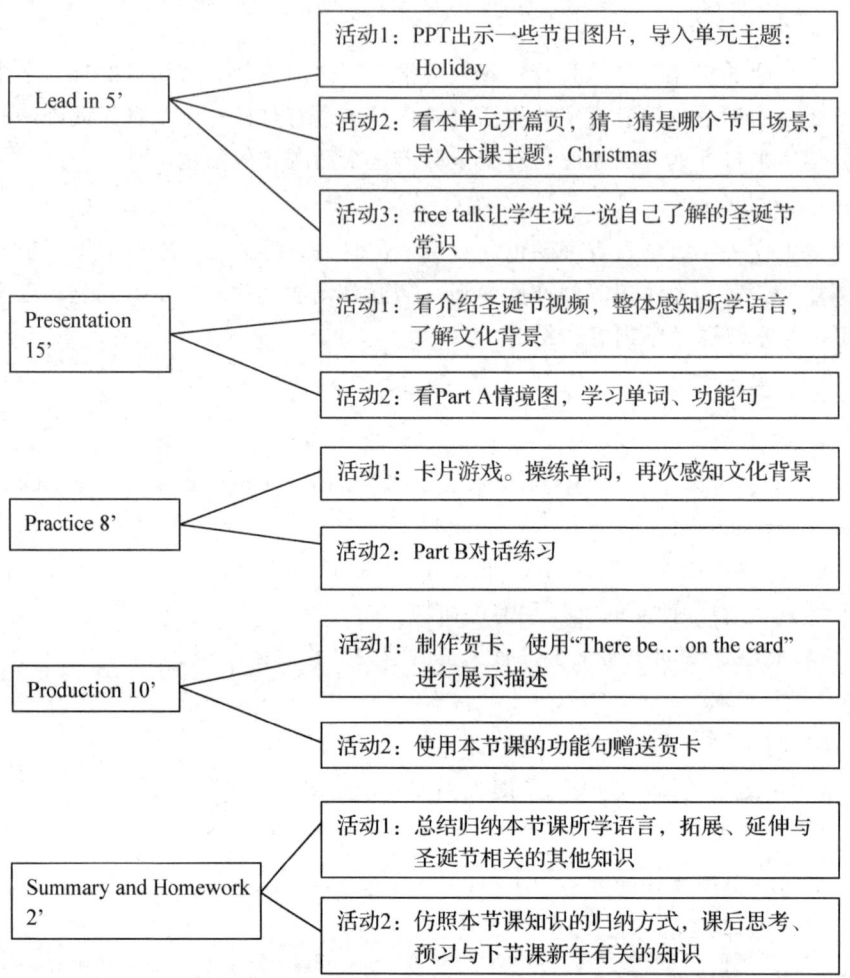

六、教学过程与教学资源设计

（一）Step 1 Lead in 5'

1. PPT 呈现一些节日图片，让学生初步了解 holiday 的概念。

【设计意图】学生通过直观地看各种节日图片，调动起学习兴趣，导入本单元主题。

2. 出示本单元主题图，让学生猜一猜这一天是哪个节日。

《Happy Holidays》教学设计

【设计意图】通过观察图片，进行推测，培养思维能力，导入本课主题。

3. 说一说自己了解的圣诞节常识。

(二)Step 2 Presentation 15'

1. 观看介绍圣诞节的视频，初步了解圣诞节的相关背景知识和风俗，尤其是本课涉及的四个词汇。

【设计意图】充分利用音像资源，进行文化背景和常识的了解，为学生提供原汁原味的语言输入，并帮助其迅速进入到本节课的教学情境中。

2. 出示 Part A 情境图，引导学生观察图片信息，然后逐一学习词汇和句型。

学生描述图片 Who are they? What is Andy's mother doing? What is Andy's mother saying? What is Andy thinking about?

【设计意图】通过此活动，培养学生 predicting 的思维能力。

教授 Father Christmas

T：What is Andy thinking about? 引出"Father Christmas"。T：What does Father Christmas wear? What is Father Christmas saying? 学习功能句"Merry Christmas! You too!"（书写板书）

教授 present

T：What's in Father Christmas's bag? 引出"present"。学习功能句 Here is a present for you. Thank you.（书写板书）

教授 card

打开礼物盒子，引出"card"。发放不同颜色的卡片，使用语言 It's a pink card. It's a yellow card…感知功能句 Here is a card for you. Thank you.

【设计意图】结合已有颜色旧知，新旧知识相结合，丰富语义内容，学习操练新语言。同时，结合刚刚学习的句型 Here is a … for you. 学习操练新语言。为最后的语言输出活动做铺垫。

教授 Christmas tree

T：What's on the Christmas tree? 学生使用 There is … on the Christmas tree.

【设计意图】使用上一单元的功能句 There is … 以旧句带新词的方式学习语言、丰富语义，总结刚刚所学新词。

(三)Step 3 Practice 8'

1. 卡片游戏

(1)教师在引导学生拿出卡片时，通过整理卡片，再一次对刚刚教授的单词进行复习。

(2)播放介绍圣诞节的简单语篇，学生给卡片排序，练习"听"的技能。

语篇内容如下：

<u>Christmas</u> is a traditional western holiday. It's on the Dec. 25th. On that day people decorate the <u>Christmas tree</u>, have a big dinner together and send <u>cards</u> to each other. Children are very happy. Since <u>Father Christmas</u> will come and give them many <u>presents</u>. Everybody likes this holiday.

【设计意图】在情境中操练语言，同时又是文化知识的再一次渗透。

(3)教师说数字，学生说出相应的词汇。练习"说"的技能。

(4)学生两人一组练习。

2. 句型操练

(1)跟读 Part B 录音。

(2)两人一组练习对话。

(3)学生表演。

(四)Step 4 Production 10'

学生制作圣诞卡片，使用本课功能句进行圣诞祝福、赠送圣诞卡片。

1. 教师示范制作圣诞卡片。

2. 学生每人得到一张卡片，在老师提供的圣诞贴画中选取自己喜欢的内容进行装饰。

3. 学生到展台前使用句型"There be… on my card."展示自己制作的圣诞卡片。

【设计意图】学生动手制作，体验圣诞节时所做事情，同时使用"There be…"句型来总结、巩固本节课的词汇。

4. 学生使用"Merry Christmas! You too! Here is a card for you. Thank you."进行圣诞祝福、赠送圣诞卡片。

【设计意图】通过互送圣诞卡的活动，为学生提供一个较真实的情境，让他们更真实地使用本节课的功能句型来表达情感，做事情。

(五)Step 5 Summary and Homework 2'

1. 总结

总结本堂课相关词汇，同时延伸扩展学习内容，如圣诞节食物、圣诞袜、唱圣诞歌等等，形成思维导图。

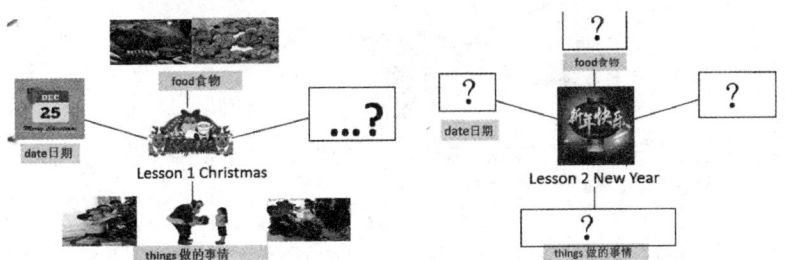

2. 作业

(1) 仿照刚刚的思维导图，预习第二课有关 New Year 的知识，查找相关资料。

(2) 听录音，试着说唱歌谣。

七、板书设计

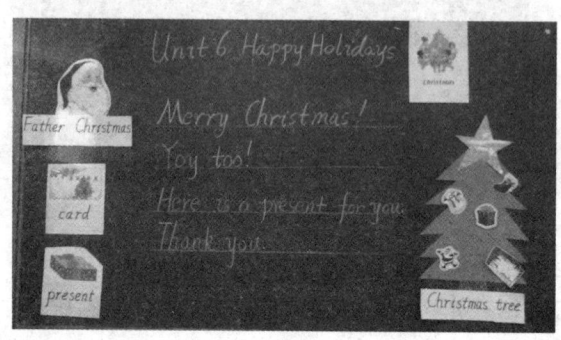

八、学习效果评价设计

1. 教师评价

在教学过程中，教师要对学生的表现给予及时的、鼓励的评价，如点头、微笑、激励性的语言等，力图让学生感受到老师对自己的关注与认可。

2. 学生自评

课后学生通过完成自评表对自己进行自评，同时教师也可以根据学生的自评单来检测自己的教学效果。

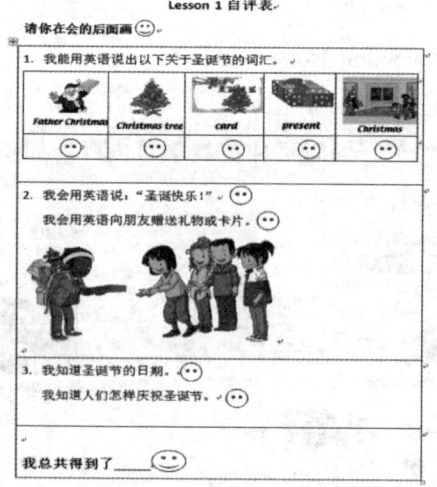

九、教学设计特色说明

1. 遵循认知规律，关注语言习得的持续性，通过不同活动滚动复现所学语言，在层层递进的活动中积累语言，丰富最终的语言输出。

2. 在语言学习过程中感受西方文化，在含有文化背景的情境中习得和操练语言，结合文化背景使用所学语言表达思想、做事情。

教学反思

本课是二年级上册第六单元 Happy Holidays 的第一课时，单元话题为 Holiday，本课的主题为此话题下的子话题 Christmas。教学内容中充满了节日文化元素，因此在课前构思时，老师力争在教授语言知识的同时，渗透文化意识，最终让学生通过课堂学习掌握语言技能、初步了解西方国家有关节日的文化背景、风俗传统。基于这样一个目标，教师围绕着知识技能和文化意识两个方面的内容进行课堂教学。

一、知识技能

本节课教师在设计前对教材和学情进行了全面的梳理和分析，力图关注语言学习的渐进性和持续性特点，帮助学生整合新旧知识，在学习新知时，重现旧知，丰富语义内容。同时，设计了多种思维活动来复现本节课的单词和句型，帮助学生有梯度地逐渐掌握语言。

（一）学习内容层层递进，体现了由易到难、由简到繁的梯度

一入课学生通过观看视频短片，在正式学习目标语言前，先初步感知相关词句。而后通过观看教材中 A 部分的歌谣整体呈现，再次进行输入。这样在正式学习词汇前，进行充分的输入。直观生动的画面配合英语原音的方式，让学生在轻松愉快的氛围里通过无意注意的形式主动地关注所学内容。此外，在操练词汇的过程中，也体现了这一特点。首先，教师带领学生边说单词边整理卡片，学生在教师的帮助下再次熟悉所学词汇。而后提高难度，学生听短文独立给卡片排顺序，练习听的技能。最后，再次提升难度，教师说数字，学生要正确说出相应词汇，练习说的技能。

（二）新旧知识相结合，在多种思维活动中滚动复现所学语言

在学习 Christmas tree 时，利用装饰圣诞树的环节，让学生观察树上的装饰物，并进行提问，"What's on the Christmas tree?"，依次复习刚刚学习的单词 Father Christmas, card, present, 在学习新词的过程中又滚动复习了前

期的内容。在后面的制作贺卡、展示介绍贺卡内容、练习功能句的时候，又是复习巩固所学词汇的过程。最后通过整堂课的学习，教师使用思维导图的方式归纳总结本课与圣诞节有关的语言，并让学生以这样的方式在课后预习下一节课的知识。通过这样的方式，不仅在知识上以旧带新，更重要的是让学生掌握新的学习方法，提升学习能力。

二、文化意识

本课的主题是节日，而本课也是学生们在小学阶段第一次接触有关西方节日的学习内容，因此除了语言知识以外，本课还有一项重要的教学目标——能够在活动中初步了解有关圣诞节的文化背景知识。本课的话题是有关圣诞节的内容，但本单元的主题是节日，课前教师查找并收集了大量有关西方节日的资源，让学生通过观看视频、图片等方式直观地感受、了解西方的节日文化背景及习俗。

（一）视频导入，整体呈现文化背景

入课时，教师播放西方主要节日的图片PPT，让学生观察图片内容，感受节日氛围，迅速进入到单元话题中。而后，播放介绍圣诞节的小视频，视频内容涉及圣诞节的由来、具体日期、习俗等等。弥补了教材中对圣诞节文化背景介绍的不足。通过课堂观察，教师发现学生对这部分内容非常感兴趣，同时课后调查显示学生不仅学会了相关的语言知识，对圣诞节相关的知识也有所掌握。

（二）练习中反复渗透文化知识

在教学环节设计时，教师时刻关注在知识教授过程中渗透文化知识，比如，在操练单词过程中，其中有一个练习"听"的环节，以往的练习方式是教师读单词，学生出示相应的卡片。但这节课中为了更好地让学生感知文化背景，同时体现原音输入，教师将目标词汇编入圣诞节起源和风俗的介绍短文中，同时由外籍教师进行朗读，录制成音频播放。在此过程中，学生不仅巩固复习了刚刚所学词汇，同时又再一次进行了西方节日文化的感知理解。

从本课最后的语言输出环节，以及课后对学生进行的反馈，我发现学生对于本课中涉及的短语、句型结构和对话都掌握得比较扎实，也能说出圣诞节的一些相关常识，这说明预期的教学目标得以达成。但是，由于课堂时间有限，学生对于圣诞节的了解还仅限于课堂上所呈现的内容，在本单元后续的课时中，老师应再给学生提供一些相关素材，继续深化所学内容。

专家点评

教学设计包括三个核心内容：目标设计、活动设计、评价设计。以此为准，本教学设计完整无缺。这里重点谈教学活动与教学目标的关系。教学活动的设计为教学目标服务，是达成教学目标的载体。通过活动达成目标；反过来说，没有活动目标即空中楼阁。一般说，老师们设计完教学目标，紧接着设计实现这些目标的活动。活动不仅要有，而且要与教学目标相关。不相干，则浪费时间，对教学目标的达成无意义。也就是说，热闹了半天，教学目标仍然未达成。久而久之，教学总目的就难以达成。

本教学设计有多种活动，而且标出【设计意图】的字样。这样做便于检测活动与教学目标是否相关。本设计中有三个教学目标：

(1)能够听懂、会说与圣诞节有关的五个词汇：Christmas, Father Christmas, Christmas tree, card, present。

(2)能够使用功能句 Merry Christmas! You too! Here is a present for you. Thank you. 表示圣诞的祝福及赠送礼物。

(3)能够在活动中初步了解有关圣诞节的文化背景知识。

本设计中的活动设计与本课教学目标是否相关？看看活动设计的意图便一目了然。

(1)【设计意图】通过直观地看各种节日图片，调动学生学习兴趣，导入本单元主题。

(2)【设计意图】通过观察图片，进行推测，培养思维能力，导入本课主题。

以上两个活动都为了导入本课内容，因此是相关的活动。

(3)【设计意图】充分利用音像资源，进行文化背景和常识的了解，为学生提供原汁原味的语言输入，并帮助其迅速进入到本节课的教学情境中。

上面这个活动涉及语言输入，与本课的语言输出直接相关。

(4)【设计意图】培养学生 predicting 的思维能力。本课目标里没有关于预测思维能力训练的描述，因此可以说这个活动与本节课目标无关。而下面两个活动是操练、练习，这与本课目标直接相关，都是有用的活动。

(5)【设计意图】新旧知识相结合，丰富语义内容，学习操练新语言。同时，结合刚刚学习的句型 Here is a … for you. 学习操练新语言。为最后的语言输出活动做铺垫。

(6)【设计意图】使用上一单元的功能句 There is …，以旧句带新词的方式学习语言、丰富语义，总结刚刚所学新词。

下面一个活动与第三个文化目标相关。

(7)【设计意图】在情境中操练语言，同时又是文化知识的再一次渗透。

下面两个活动：制作、体验、交换贺卡或为语言输出做准备，或进行语言输出，都是相关活动。

(8)【设计意图】学生动手制作，体验圣诞节时所做事情，同时使用"There be …"句型来总结、巩固本节课的词汇。

(9)【设计意图】通过互送圣诞卡的活动，为学生提供一个较真实的情境，让他们更真实地使用本节课的功能句型来表达情感，做事情。

以上逐个考察活动的设计(意图)与目标的关系，目的是确保课堂活动效率，确保目标达成。本设计的活动，只有一个活动与目标不甚相关。因此，可以有把握地说，本课目标达成有保证。

点评人：林立（首都师范大学教授）

《Animals》教学设计

北京教育学院附属海淀实验小学　王宏振

学科：英语　　学段：第三学段　　年级：五年级　　教材：人教版

一、指导思想与理论依据

英语学科核心素养包含语言能力、学习能力、文化品格和思维品质四个维度。语言能力和思维品质是其中两个维度，语言能力包括运用英语语言知识建构和表达意义的能力。学习和使用语言能够进一步促进思维的发展。

思维导图有利于学生对其所思考的问题进行全方位和系统的描述与分析，帮助学生建构结构化知识，有逻辑的思考和表达，是思维可视化的重要过程和方法。

因此，在本课中运用的思维导图帮助学生建构有关动物的基本知识，并借助思维导图有逻辑地表达语言知识，同时展现多种思考方式，从而促进学生思维品质的形成与发展。

二、教学背景分析

（一）教材分析

本课是人民教育出版社出版的义务教育教科书《英语》五年级上册 Unit 3 Animals 的第三课时，为语言的综合运用课。

本课由三部分组成：

A. Let's read.

语篇中介绍了 tiger，elephant，panda，penguin 四种动物的栖息地、外形特征和食物等信息，并通过填写信息卡，培养学生提取关键信息的能力。

为了帮助学生梳理并了解这四种动物更多的信息，使学生的思考更具连续性和逻辑性，我将信息卡改为思维导图，并增加了颜色和特性两个相关内容，而课本内容作为家庭作业进行再次阅读理解。

B. Let's talk.

运用 A 项的信息卡，用几句连贯的话来描述四种动物。我将 B 项替换成根据思维导图对动物进行简单的描述，学生的口语表达也更具逻辑性。

C. Let's write.

填写信息卡并仿写出自己喜欢的动物。为了让学生体会学习英语的用处，我将本部分改为制作自己喜欢动物的小绘本。根据绘制思维导图时总结出的句子对动物进行简单的描述。为绘本画出插图可以发挥学生的想象力，充分调动学生的多种思维方式。

(二)学情分析

1. 五年级学生已经具有一定的阅读理解能力，能在教师的引导下理解阅读的语段并完成简单的练习。同时也具有了一定的语言综合运用能力，能够针对自己感兴趣的话题进行简单的描述。大部分同学对动物这一话题具有高涨的兴趣和好奇心。

2. 学生在人教社《新起点英语》一年级和三年级分别学习过有关动物的知识，如 cat, dog, tiger, monkey, bird, duck, chicken, snake, turtle, rabbit, 等等。但是对动物进行描述的句子的学习不够系统。

3. 我所任教的五年级学生经过语文、数学、科学等多学科的培训，已经掌握了思维导图的绘制方法。但是思维导图在英语学科的运用本学期只是起点，因此本课只要求学生在教师的带领下绘制出思维导图即可。

三、教学目标

1. 教学目标

(1)学生能够读懂描述动物的栖息地、食物和外形特征的短文，提取关键信息完成思维导图，提高阅读理解能力。

(2)学生能够根据绘制的思维导图简单地描述自己喜欢的动物，促进思维品质的形成和发展。

(3)学生通过对亚洲象和非洲象区别的介绍，了解动物世界的精彩；通过濒危动物及其形成原因的介绍，渗透保护动物的环保意识。

2. 教学重点

通过绘制思维导图了解动物的栖息地、食物和外形特征等相关知识，描述并和同学针对自己喜欢的动物进行交流。

3. 教学难点

涉及动物栖息地、食物和特征的相关科学知识的正确理解和表达。

四、教学准备及教学流程

(一)教学准备

1. 教师准备

PPT课件、有关濒危动物的小视频、思维导图(学生用)、绘制小绘本的A4纸(学生用)、词条(教师用)。

2. 学生准备

英语教材、彩笔。

(二)教学流程示意

Revision ⟶ Practice ⟶ Consolidation ⟶ Expanding

五、教学过程

(一)Step 1: Revision

Activity 1: Free talk.

教师与学生自由谈话,教师提问:What's your favourite animal? Why? 学生回答,复习学过的动物词汇,并简单对喜欢的动物进行描述。

Activity 2: Lead in.

根据学生的回答引出句子:Different children love different animals. What animal does Bob like? 引入本课A项短文。

【设计意图】通过自由谈话复习学过的动物词汇,学生对喜欢的动物进行简单的描述,为后面书写自己喜欢的动物做语言准备。同时通过学生的不同回答,理解different以及句子的含义。

(二)Step 2: Practice

Activity 1: Let's read.

教师提问:What animals do Bob, Tony, Amanda and Sally like?

教师示意学生快速浏览短文内容,找出短文中的人名和动物名称并作出标记。

教师提问:What animal does Sally like? 并出示企鹅的图片。

教师就企鹅的居住地、食物、颜色和特性进行提问。教师根据学生的回答在黑板上完成企鹅的思维导图。

Activity 2: Make a mind map.

教师布置小组合作:完成一种动物的思维导图。

教师展示小组绘制的思维导图，随后带领学生听短文录音并跟读。

Activity 3：Let's know.

教师出示短文中 Tony 的文字部分，学生齐读后教师提问：What are tusks? What is a trunk? 带领学生在文中找到答案。

教师介绍：African elephant 和 Asian elephant。出示大象的图片，先让学生猜一猜哪个是非洲象，哪个是亚洲象。随后教师介绍亚洲象与非洲象的区别。

【设计意图】学生在教师的带领下体会阅读技巧，在短文中通过提取信息完成思维导图，帮助学生养成良好的阅读习惯和提取信息的能力。拓展关于大象的知识，让学生体会动物世界的奇妙之处。

(三)Step 3：Consolidation

Let's write.

教师出示自己的动物绘本为学生做示范。

学生独立完成动物介绍。

展示学生的作品。

【设计意图】扩充课外有关动物的知识，开阔学生的视野和知识链接。运用学过的知识进行喜欢动物的描写，并制作绘本，让学生体会用学习的英语知识做事情的乐趣。

(四)Step 4：Expanding

Enjoy some pictures.

教师出示几张濒危动物的图片引出：The endangered animals.

播放有关灭绝和濒危动物的小短片。

请学生说一说观看后的感想，教师总结：We should love the animals! We should protect the animals!

Homework：

1. Listen, write and repeat.

2. Finish the book of the animal you like.

3. Make a poster about the endangered animals.

Choose and finish two of them.

【设计意图】学生通过视频和谈话感受动物正面临的危机，渗透爱护动物和保护动物的意识。

板书设计：

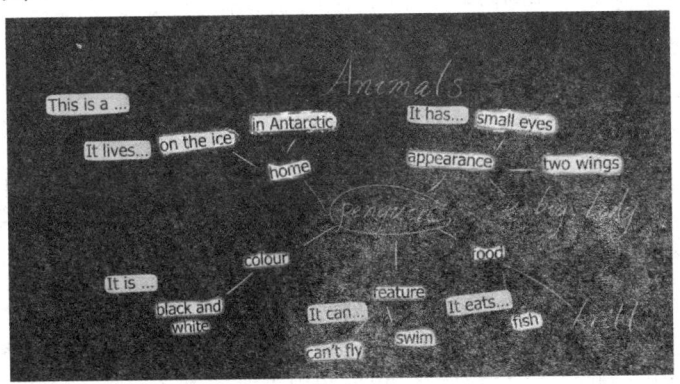

六、学习效果评价设计

（一）评价方式

1. 口头评价：学生个人发言后，教师利用：Excellent! Good job! I like …, too. It's cute. 等回应学生的回答，给予学生的发言以肯定。

2. 小组评价：当学生展示思维导图后，根据小组的绘制情况和发言情况给小组加分，培养学生的合作和团队意识。课后对得分较高的小组以表扬和奖励。

3. 课后评价：以小组为单位完成思维导图并上交，教师给予小组加分以示鼓励。课后完成动物小绘本的绘制，教师给予个人加分以示鼓励。

（二）评价量规

1. 学生以小组为单位绘制思维导图，能够从阅读的语篇中正确找出关键信息完成思维导图的小组记2分，能够扩充课外知识完成思维导图的小组记3分，每人都参与介绍思维导图的小组记5分。阅读并提取关键词完成思维导图任务的小组为100%；扩充相关动物的课外知识的小组为88.9%；参与介绍思维导图的小组为100%。达成了本课的第二个教学目标。

2. 学生在制作自己有关动物的小绘本时，能够较正确地描述出动物基本信息的学生记2分，为动物的介绍完成配图的学生记3分，能够扩充课外知识进行动物介绍的学生记5分。数据显示描述出动物信息的学生达到了100%；为绘本画了插画的学生有68.8%；描写时运用了课外知识的学生有37.5%。达成了本课的第一个教学目标。

七、教学设计特色说明

1. 利用思维导图帮助学生理解和总结阅读语篇，建构结构化知识，梳理知识脉络，推动学生思维品质的形成和发展。有的学生对运用思维导图学习英语产生了巨大的兴趣，课后还自愿选择本课 A 项的其他动物绘制思维导图。

2. 学生根据梳理的思维导图主要内容，描述自己喜欢的动物并绘制出小绘本，表达自己的真实想法。培养学生用英语表达和思考的能力，学会从不同角度考虑和解决问题，形成英语使用者特有的思维方式和思维能力，从而更好地促进学生的语言能力。

3. 教师介绍亚洲象和非洲象的区别，利用直观的图片和动画效果介绍有关动物的趣事，激发了学生对动物相关知识继续探索的好奇心和兴趣，将课堂上的学习内容延伸到课下，带动学生自学的激情，学会学习。同时感受动物世界的奇妙，渗透和激发学生爱护和保护动物的热情。

教育反思：在反思中前行

古语云："吾日三省吾身。"每个人只有不断地行动、反思、再行动、再反思，才能不断地提升自身的素养，我们的教学也是如此。经过这次风采展示中备课、上课、说课的过程，我有以下几点感受。

一、重视文本解读

北京师范大学教授王蔷老师说过："有效地教学设计取决于教师对教学材料解读的水平。它直接影响学生的学习体验、认知过程、情感发展和学习成效。"因此，提高教师文本解读能力，是提高课堂教学实效和学生学习质量的关键。

在这次的教学设计和说课的过程中，我深刻地感受到分析教材和分析文本的重要性。本来以为课文语篇只是简单的动物介绍，只要求学生理解语篇的意思即可。但是在一次次的分析文本、备课、试讲的过程中，我了解到阅读语篇的目的并非只是停留在知识层面上，还应该让学生在阅读的过程中提高阅读理解能力。学生通过感知、预测、分析、概括、比较、创新等活动，建构结构化知识，在分析问题和解决问题的过程中，发展思维品质，形成文化理解，学会学习，促进英语学科核心素养的形成与发展。

经过多次的研磨，我决定借助思维导图帮助学生对语篇进行阅读理解。帮助学生全方位和系统地思考问题、梳理知识，在学生积累英语知识的同时，提高了学习英语的能力。学生通过本课的学习对英语学习的兴趣再次进行了提升，对思维导图也有了更深刻的认识，促进了学生思维品质的形成与发展。

二、基于学生能力

英语学科核心素养中学习能力是发展条件，包括对英语和英语学习的一些认识和态度。学生在学习英语的过程中掌握学习策略，同时还要形成学习英语的能力，通过多种渠道获取学习资源，为自主学习和可持续学习创造有利条件。在学习英语的过程中养成终身学习的意识。

学生在课堂上阅读理解时只是完成了其中一种动物的思维导图，在小组间分享思维导图的过程中，激发了学生对另外三种动物的好奇心。教师在评价时对补充课外知识的小组给予了肯定，激起了学生对课外知识学习的积极性。课后很多同学都自愿地完成了其他动物的思维导图，将课堂上学习的英语知识延伸到课下，长此以往一定可以养成终身学习的意识。

英语学科核心素养中思维品质是思维特征，学习和使用语言的过程就是学生思维发展的过程，可以丰富学生的思维方式，进一步促进思维能力的发展。本课利用思维导图帮助学生养成运用英语进行思维和表达的意识，从而形成英语使用者所特有的思维方式和思维能力。

三、改进教学过程

在第一次试讲时，学生以小组为单位完成思维导图后用学过的语言描述思维导图，如：This is a penguin. It lives on the ice. It's black and white. It has big feet. It eats small fish. It can't fly, but it can swim. 接着我又设计了谈论自己喜欢的动物环节，最后每个学生根据自己喜欢的动物绘制出小绘本。由于课堂的环节较多，最后绘制绘本的环节并没有在课堂上实施。经过反思，我觉得学生描述思维导图的动物和谈论自己喜欢的动物两个环节重复、层次递进并不明显，所以我将谈论喜欢的动物环节删除掉，同时也节省了时间，便于学生在课堂上绘制出自己的动物绘本。

学生在本课之前也绘制过一些思维导图，但那些思维导图都是针对某一个知识点或话题进行知识梳理，所以以词汇的梳理和语音知识的总结居多。本课是第一次在课上利用思维导图解决语篇的阅读理解问题，学生在绘制思维导图时受语篇内容的限制，因此扩充的课外相关知识并不多，可以通过预习和搜集资料来弥补这一不足。

四、设计评价方式

把评价的过程与教学过程有机地结合起来，评价的气氛民主、宽松、和谐，个人评价与小组评价相结合的评价方式，鼓励学生、组员、教师、家长参与到评价过程中，体现评价的多元性。多元评价和有效的评价是促进学生全面发展的助力，评价应该保护学生的自尊心和自信心，应该关注学生的主观能动性，激发学生积极主动的态度。因此，在本课我运用了口头评价、小组评价和课后评价，全方位地对学生的表现进行评价和鼓励。

课堂上教师运用口头评价对学生个体的表现进行肯定，同时也运用口头评价与学生进行了交流。学生们在小组内完成思维导图并进行描述后教师给予小组评价，培养了学生合作学习的意识和能力，同时激发了他们的积极性。课后针对学生自主完成的思维导图和小绘本进行评价，在激发学生的学习兴趣的同时将课堂评价延伸到课下，帮助学生养成自主学习的习惯。

总而言之，语言承载着情感、文化和思想；当学生的思维被调动起来，课堂学习就能更好地促进语言能力提高；当学生更多地参与活动，学习自然就会发生！

专家点评

教学设计有三要素：目标、活动、评价。这里结合本课设计，谈谈教学评价的设计。评价设计(一节课的评价)一般存在几种现象：评价缺失、评价低效。教学评价设计很重要，通过评价，教师可以了解目标达成的情况，为下一节课的设计提供依据，还可以反思达成或未达成目标的原因。

本设计中教学目标有三：

1. 能够读懂描述动物的栖息地、食物和外形特征的短文，提取关键信息完成思维导图，提高阅读理解能力。

2. 能够根据绘制的思维导图简单地描述自己喜欢的动物，促进思维品质的形成和发展。

3. 通过对亚洲象和非洲象区别的介绍，了解动物世界的精彩；通过濒危动物及其形成原因的介绍，渗透保护动物的环保意识。

本设计中的教学目标设计得具体、可检测。我们共同思考一下，这三个目标的检测。

目标1的检测(能够读懂描述动物的栖息地、食物和外形特征的短文)：通过各种练习活动后，教师可以分发给学生动物的图片(或个人或小组)，学生看图说出动物的栖息地、喜爱事物和外部特征。这是口头检测，如有时间，教师同样也可以用书面的形式检测,即分发给学生动物图片,学生写出动物的特点。口头检测常常只能抽样,即抽取不同水平学生的代表,如好、中、差三个等级。选出三个学生、出示三种动物的图片即可达到口头检测的目的:省时、高效。书面评价可以扩大到全班,出示一张图片让全班学生同时写。教师可以根据学生的需要,设计个人或小组的检测。

能够做到口头或书面描述动物的栖息地、喜爱事物和外部特征,可以知道学生读懂了短文的程度。

目标2的检测(能够根据绘制的思维导图简单地描述自己喜欢的动物):学生根据自己的思维导图描述自己喜欢的动物。对于这个目标可以直接检测,即设计一个说的活动,即可达成检测的目的。教师要想当堂知道检测结果,可以让学生班里口头报告(个人或小组形式)。

目标3的检测(对亚洲象和非洲象区别的介绍):介绍需要时间,可以安排学生在小组中相互介绍,教师巡视小组说的情况,大体了解本课学习情况。教师也可以使用表格、清单的形式,学生对表格中的项目打钩,进行快速检测。

对于本课的教学目标,王老师设计三种形式。

(1)口头评价:学生个人发言后,教师利用:Excellent! Good job! I like…, too. It's cute. 等回应学生的回答,给予学生的发言以肯定。

(2)小组评价:当学生展示思维导图后,根据小组的绘制情况和发言情况给小组加分,培养学生的合作和团队意识。课后对得分较高的小组以表扬和奖励。

(3)课后评价:以小组为单位完成思维导图并上交,教师给予小组加分以示鼓励。课后完成动物小绘本的绘制,教师给予个人加分以示鼓励。

然而,这些形式可以在本节课的任何一个时间点实施,可以是对学习对过程中某个学习行为的评价。而教学设计里的评价设计是在课即将结束前对本课学习效果的全面评价。

第二种评价形式(小组评价)是在绘制思维导图后对绘制的评价。小组评价可以对某个学习活动,也可以在课结束前综合评价。

第三种形式(课后评价)是对作业的评价。当然可以认为作业水平反映课上教学目标达成的水平。但是教师更希望及时了解一节课的学习效果。

从此可以得出几点结论:(1)对一节课教学目标的评价,最好在课上及时进行(不宜留在课后)。(2)在一节课的主要学习活动、练习活动完成以后,进行评价(在课结束前)。(3)提高评价效率,对一节课教学目标的评价可以抽样、比较综合地，即涵盖一个或几个教学目标。

讨论了评价设计的一些基本原则清楚之后，还需要谈及评价的形式。本课评价设计提及了三种宏观的形式：口头评价(比较适合教学目标含有口头表达能力的要求)、小组评价(合作评价形式节省时间、增加互动)、课后评价(作业评价)。具体的评价形式可以有测试、问卷、清单、会话、角色扮演；个人、小组；口头、书面等等。

点评人：林立(首都师范大学教授)

《How do you make a banana milk shake?》教学设计

首都师范大学附属中学第一分校 李玉华

学科：英语   学段：第四学段   年级：八年级   教材：人教版

一、指导思想与理论依据

《义务教育英语课程标准(2011年版)》提出：提升学生"用英语来做事情"的能力。建议采用任务型语言教学模式。通过创设接近实际生活的各种语境，采用循序渐进的语言实践活动，强调过程与结果并重。

教学活动应包括学习语言知识和发展语言技能的过程，学生在语言实践活动中，通过接触、理解、操练、运用语言等环节，逐步实现语言知识的内化；提高学生用英语获取、处理和传递信息，表达简单的个人观点和感受，从而提升实际语言运用的能力。

《基础教育改革课程纲要(试行)》《关于开展初中综合社会实践活动的通知》(京教基一〔2015〕10号)，规定中小学设置综合实践活动课，鼓励学科与社会实践活动相结合，促进推行素质教育的发展。

二、教学背景分析

(一)教学内容分析

本节课的听力材料来自人教版《新目标》八上第八单元 Section B 部分，本节课是本单元的第三课时，听说课。本单元里，在 Section A 学生学习了奶昔、沙拉、爆米花等的制作饮料和小吃的制作。Section B 在此基础上呈现了三明治到火鸡的制作，关于美国感恩节的文化背景和风俗习惯。练习部分又涉及中国特色传统小吃的制作。

内容的阶梯性：本节课的中心话题是"制作三明治"，听力材料中通过两个学生的对话，介绍了"cheese sandwich"的制作。在语言知识上，出现少量有关食物生词。语法是巩固描述食物制作的祈使句和顺序副词的正确使用。为了提高语言输入，引入了健康食物"food plate"。

情境的连续性：本节课关于常见的主食——三明治的制作。整个单元，有饮料，有甜点，有主食有节日大餐；有西方传统食物，也有中国特色食品。增加文化背景的渗透，增加了三明治起源的文化背景介绍，拓展文化知识。

(二)学情分析

本班学生为初二实验班学生，共 33 人，一小部分学生词汇量较大，本课中的词汇对于他们而言已经不陌生。他们具备一定的英语听说能力，在英语学习中有一定的榜样和引领作用。本班学生学习积极性较高，但是在口语的熟练程度及语言使用准确程度方面都需要加强。

学生已有基础：在话题方面，学生知道一些三明治原料的英语表达，学习了奶昔和水果沙拉的制作过程，在语言技能方面，学生根据关键信息直接获取细节信息能力较强。

现存在不足：语言知识方面，学生对描述三明治的制作的某些步骤有困难，需要教师引导达成；关于如何评价三明治的最佳制作方案，需要教师加入如何区分健康食物的知识。

三、教学目标

基于上述背景的分析，本节课以制作三明治为语言重点，让学生根据健康饮食的标准，考虑他人口味，来制作力求色香味俱全的三明治。

教学目标定位于：

1. 准确掌握本课中三明治材料的英语表达，按顺序正确地描述三明治的制作步骤。

2. 通过听，了解三明治的特点和构成，获取制作芝士三明治的材料，记录每步需要的材料，并补全三明治食谱的信息。

3. 制作三明治食谱，根据老师提供的关于健康食品盘的材料，了解健康食谱的构成，能够简单判断食物是否为健康食物。

4. 了解食物背后文化，学会考虑他人感受，关心他人，并发挥创造性，努力发现生活中的美。

教学重点：制作三明治食谱，判断食品是否健康。

教学难点：根据他人口味、选用健康食品，制作健康的三明治食谱。

四、教学流程图

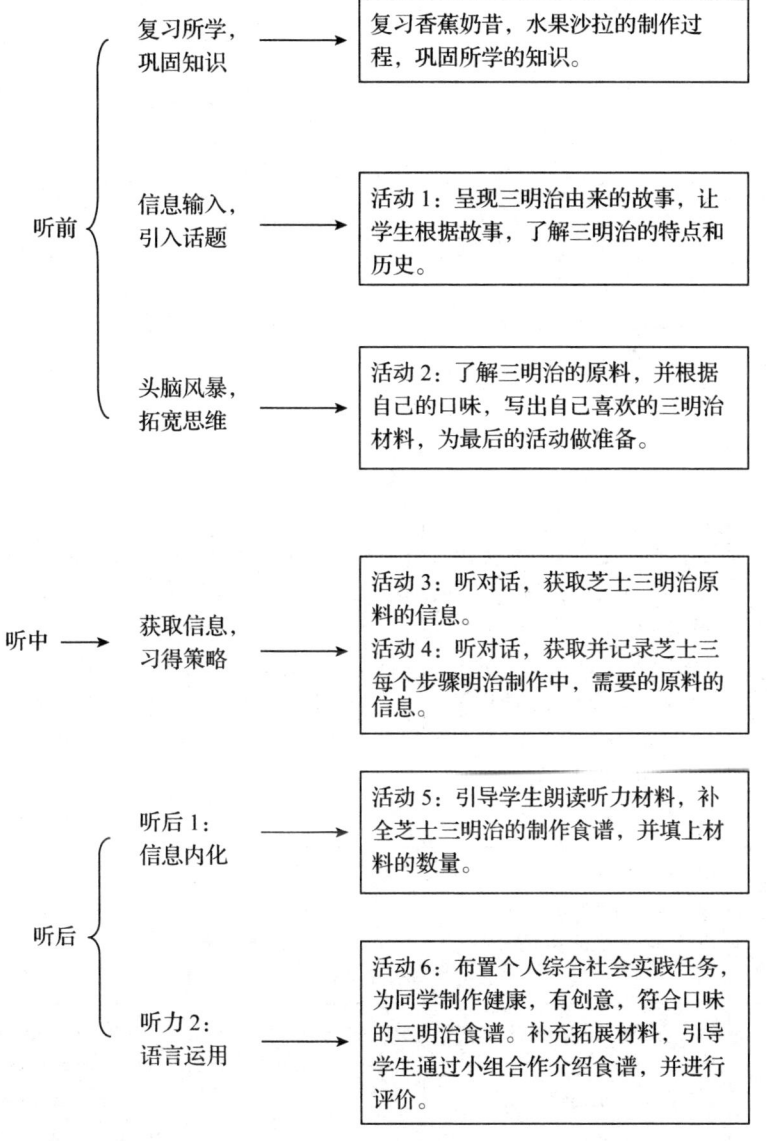

五、教学过程

Steps	Teacher's activity	Students' activity	Purpose
Step 1 Lead in	1. Review how to make a banana milk shake and fruit salad.	1. Review and say how to make a banana milk shake and fruit salad.	1. review the recipe of milk shake.
Step 2 Pre-listening	2. Show the story of Sandwich and give T or F questions. 3. Present some ingredients of sandwich and ask Ss to brainstorm.	2. listen and read the story and judge. 3. Learn and brainstorm.	2. get to know the story of sandwich and the characteristic of sandwiches. 3. learn about sandwich ingredients and let others know your taste.
Step 3 While-Listening	Activity 1: listen and circle 4. Ask Ss to predict the things in a cheese sandwich. 5. Ask Ss to listen and circle the things they hear. Then let Ss check in pairs. Activity 2: listen and fill 6. Play the dialogue again and ask Ss to fill in the blanks.	Speak out the things. Ss listen and circle the things they hear. Check in pairs. Fill in the blanks.	4. practice predicting before listening. 5. practice listening for the specific information. 6. Practice listening for specific information and write the key information
Step 4 Post-listening 1	Consolidate 7. Ask Ss to read the dialogue. 8. Ask Ss to complete the recipe.	Read. Fill in the blank and read out.	7. internalize 8. get familiar with a sandwich recipe and prepare for the task.
Step 5 Post-listening 2 Group work (Role-play)	Ask Ss to work in groups of 5 or 6. Leading process 9. Set the task: make a recipe for classmates and upload it to http://kfsj.bjedu.cn 10. Introduce the food plate and explains.	Work in groups and make a recipe.	9. put the target language into real use, learn to think about others and get the idea of healthy food when making a sandwich.

续表

Steps	Teacher's activity	Students' activity	Purpose
Step 5 Post-listening 2 Group work (Role-play)	Task instruction: 1. Make a sandwich recipe for your left-hand classmate. Pay attention to his/her likes, healthy food, creative and beautiful shapes. 2. Share in groups. The best cook shares his or her recipe and the judge explains why.		
Step 6 Summary Homework	Summarize what they learn from sandwich. Make healthy sandwiches for your family: first, ask what your parents like, then, make sandwiches for them accordingly.		

六、学习效果评价设计

1. 通过学生回答问题的情况检测教学目标的达成效果;

2. 通过学生听力结果,同伴活动和小组活动语言输出任务的完成情况检测目标的效果。

3. 学生根据三明治的评价标准,评价根据自己食谱制作的三明治是否色香味俱全;根据小组评价表进行自评和互评。

七、教学设计特色说明

1. 话题和任务贴近学生,贴近生活。

2. 整堂课的知识以旧带新,新知识无缝融入,使学习英语轻松自然。

3. 从熟悉食物说起,自然将学生带入情境,激发他们学习的意愿和兴趣,了解食物背后文化,学会考虑他人感受,关心他人,并发挥创造性,努力发现生活中的美。

教学反思

语言交际是一种社会行为，外语交际也不例外。如何忽视语言的社会属性，仅仅把语言当成知识来传授，这是不可取的。英语教学既要关注其形式又要注意其功能，帮助学生把语言形式和功能的了解与掌握转化为具体的语言应用。《课程标准(2011年版)》指出：现在外语教育要注重语言学习的过程，强调语言学习的实践性，主张学生在语境中接触、体验和理解真实语言，并在此基础上学习和运用语言。在活动设计上，内容和形式贴近学生的生活实际，符合学生的认知水平和生活经验。让学生"学以致用""学用结合"，在接近生活实际的语境中感悟语言，培养学生的语言交际能力。

随着教育改革和核心素养的提出，英语学习活动观为促进和提升学生英语学科核心素养提供了有效的路径和重要的方式。以学生为中心的课堂，审视课堂教学设计的合理性和有效性，积极主动地为学生设计结构化、情景化、过程化的活动，创设一系列具有关联性、综合性、实践性等特点的英语学习活动，以促进学生英语学科核心素养的形成和提升为目标。本节课就是在英语学习活动观的引领下，通过设计了解三明治知识和制作的相关知识，并最终自己设计个性三明治，让学生在"做中学""学中用"，培养他们的生活能力和语言交际能力。

经过认真备课和上课，反思如下：

1. 根据学生情况，基于讲课内容，确定合理目标

在仔细研读听力文本的基础上，我用问卷的形式了解学生对三明治的相关知识，得知他们对三明治的由来，健康饮食的概念并不是很清楚。为了让学生了解这个常见食物，我决定从文章内容出发，扩展三明治历史的故事，健康食物盘的概念，并通过图片呈现特色三明治的花样做法，激发学生的想象力和创造热情，帮助学生发挥想象、创造好吃，好看和健康的三明治。由于课堂时间有限，我并没有让学生在课上进行制作，而是让他们课下回家给家人制作并分享。目的是让学生有充分的时间进行语言的操练运用，进行小组讨论和想象。经过思考备课计划，从学生的实际学情出发，我制定了本节课的教学目标(见教学设计)。

2. 情境导入，激活已有的知识和经验，不断修订和优化他们的知识。英语学习需要在一定的情境下发生。脱离了情境，学生就不能很好地理解知识，

更谈不上应用。本单元的设计上注意了情境的连续性：整个单元，有饮料，有甜点，有主食有节日大餐；有西方传统食物，也有中国特色食品。增加文化背景的渗透，增加了三明治起源的文化背景介绍，拓展文化知识。

本节课的设计也注重情境的连续性：从三明治的故事开始，让学生了解其的由来及其主要特点：两片面包中间夹上蔬菜和肉。接下来，同学听关于两个同学在制作三明治的材料。从需要的食材到三明治的制作步骤。然后，学生抛出了问题：三明治作为快餐是否为健康食物，教师呈现健康食物盘的内容。最后，学生设计自己的三明治。如果只是两片面包夹点东西，那三明治的制作就不那么有趣，教师完全可以帮助学生发现生活的美，发挥想象力，让生活更美好。所以，在学生设计之前，教师呈现了各种有趣，形态各异的三明治，使学生脑洞大开，有助于他们设计更美好的作品，从而享受其中。

3. 话题中心，创造性地使用教材。一节好的课堂设计一定要紧扣话题，各个小任务构成一个任务链，任务链构成一个大的任务。教学中，通过加入了三明治起源的故事，使学生明白其起源，修正以前对三明治的一些有误的认识，同时了解了最简单三明治的构成。健康食物盘的引入，帮助学生了解日常生活中常见的加工过的食物是否健康，了解健康饮食的概念和做法。这些加入的材料都是围绕本节课主要话题展开的。教师在教学设计时，通过带着学生一步步完成任务，训练学生的听力和口语表达。

4. 搭建支架，注意语言习得的渐进性和持续性。教学活动的设计要层层递进，难度不断攀升，逐步提高学生的能力。李芯厚(2010)提出，支架式教学隐含的意义是教师引导着教学进行，使学习者掌握、建构和内化所学的知识技能，从而使他们进行更高水平的认知活动。本节课上，从学生阅读了解三明治的故事、讨论食材的使用，学生通过听、了解听力材料中三明治的制作，教师给学生搭建了对话练习的支架；到他们根据同伴的口味、喜好，设计出符合同伴口味的、色香味俱全的三明治，学生进行语言输出时，教师撤掉了支架，检验学生是否掌握了所学语言。

5. 过程评价，自主评价。评价具有积极的导向作用。形成性评价"有诊断促进、反馈激励、反思总结和记录成长的作用。评价可以反馈教学，促进教学。教师在课堂是使用积极的评价语，有助于促进学生的学生积极性。本节课上，教师发挥了学生评价的主体地位，通过呈现三明治的评价标准，判断自己和他人食谱制作的三明治是否色香味俱全；根据小组评价表进行自评和互评，鼓励和激发学生。

专家点评

教学设计包括哪些内容？可以说，包括设计一节课的全过程。那么教学全过程的核心是什么？首先，教学要有一个目标，本节课要达成什么目的，即定向。然后，如何达成目标呢？这需以教学活动为载体，即手段。最后，有没有达成既定目标？即评价。概括起来，教学设计的核心内容包括三方面：确定目标、安排活动、检测效果。用图来表示：

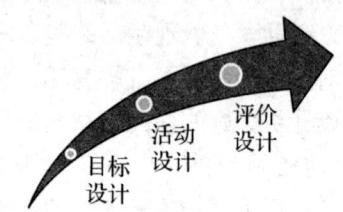

李玉华老师的设计中这三个部分都具备。我们首先看到教学目标，接下来，教学过程与教学资源，最后，学习效果评价。这三个部分是教学设计的核心内容。

具体来看，本课教学目标定为四个：

1. 准确掌握本课中三明治材料的英语表达，按顺序正确地描述三明治的制作步骤。

2. 通过听，了解三明治的特点和构成，获取制作芝士三明治的材料，记录每步需要的材料，并补全三明治食谱的信息。

3. 制作三明治食谱，根据老师提供的关于健康食品盘的材料，了解健康食谱的构成，能够简单判断食物是否为健康食物。

4. 了解食物背后文化，学会考虑他人感受，关心他人，并发挥创造性，努力发现生活中的美。

教学活动，本课设计十个学习活动，具体如下：

1. Review and say how to make a banana milk shake and fruit salad.

2. Listen and read the story and judge.

3. Learn and brainstorm.

4. Speak out the things.

5. Ss listen and circle the things they hear.

6. Check in pairs.

7. Fill in the blanks

8. Read

9. Fill in the blank and read out

10. Work in groups and make a recipe

本设计包括三个检测学习效果的活动，有助于老师了解学习效果：

1. 通过学生回答问题的情况检测教学目标的达成效果；

2. 通过学生听力结果，同伴活动和小组活动语言输出任务的完成情况检测目标的效果。

3. 学生根据三明治的评价标准，评价根据自己食谱制作的三明治是否色香味俱全；根据小组评价表进行自评和互评。

从以上分析看，本教学设计十分完整，包括教学设计全部核心内容，即目标设计，活动设计和评价设计。在此对本节课的目标设计提出一点建议。

教学目标设计要可以检测、便于检测。也就是说，要具体。比如本设计中使用一些不易检测的动词："掌握"、"了解"。学生做到什么就认定为"掌握"？学生能怎样做才被认定"了解"？设计中不妨使用具体的行为动词描述教学目标，即只要学生能够做出某种行动，便可立即判断出学生"掌握"了，"了解"了本课所要求的内容。然而，本教学目标设计里也出现了一些便于检测的动词，如描述、获取、制作、记录、判断。多使用这样具体的行为动词，可以为评价设计提供很大的方便。

点评人：林立（首都师范大学教授）

体育

《发展跳跃能力的练习与游戏》教学设计

首都师范大学附属小学柳明校区　马　捷

学科：体育　　学段：第二学段　　年级：四年级　　教材：人教版

一、指导思想与理论依据

本课以"健康第一"为指导思想，以《体育与健康新课程标准》为理论依据。充分发挥学生的主体地位，关注学生的个体差异，激发学生的练习兴趣，促进学生身体、心理和社会适应能力的全面发展。提高学生的灵敏、力量、速度等素质。精心设计发展跳跃能力练习的课程教学环节，通过小组合作、个人展示、互帮互助等教学手段，促使学生掌握技能，感受到运动带来的乐趣，体验到成功的喜悦。

二、教学背景分析

（一）教学内容分析

发展跳跃能力是小学跳跃类水平二的内容，是在学生学习跳跃技术后，针对跳跃能力的提高进行练习。教学中通过游戏的方式，激发学生参与学练的兴趣，使学生在游戏化的氛围中，获得各种跳跃的动作体验，促进跳跃能力的提高与发展。本课采用多种游戏设计与教学手法，在提高学生练习兴趣的同时，促进学生助跑踏跳有力，跳跃动作更加具有连贯性。学生通过练习，提高力量、灵活性与身体协调性，促进身体全面发展。

本单元二课次，本课为第一课次。

单元教学目标：

1. 学生通过各种跳跃的跳跃练习与游戏，激发参与学练的兴趣，促进跳跃能力的发展与提高。

2. 学生通过练习发展速度、力量与身体协调性，提高练习兴趣，促进身体的全面发展。

3. 树立自尊与自信，勇于展示自我的精神，提高学生之间的团结合作能力，增强团队意识。

课次	技能目标	教学重点、难点
1	通过各种单脚跳跃练习与游戏，激发学生参与学练的兴趣，促进跳跃能力的发展与提高。	重点：助跑踏跳有力 难点：助跑与起跳相结合紧密
2	通过各种双脚跳跃练习与游戏，激发学生参与学练的兴趣，促进跳跃能力的发展与提高。	重点：弹性屈伸与快速有力起跳 难点：上下肢动作的协调配合

(二)学生情况分析

四年级学生身体处于生长发育阶段，肌肉骨骼发育不完善，身体柔韧性强，但力量相对薄弱。此年龄段学生，基本为独生子女，缺乏人与人之前的交往能力，合作能力较差。本班学生纪律性强，具有一定观察、分析问题的能力，热爱体育游戏，但身体素质和协调能力存在一定的差异，在教学中精心设计各种游戏内容，利用不同的游戏形式，激发学生的兴趣，使不同层次的学生通过练习，能够积极参与体育运动，提高跳跃能力，为今后能在生活中合理应用技能打下良好的基础。

本课可能遇到的问题：蹬摆无力、起跳时机不合理

解决方法：采用标记点和三步助跑法；采用小铃铛与提示，激励学生跳跃障碍。

三、教学目标

1. 教学目标

(1)学生通过各种单脚跳跃练习，激发参与学练的兴趣，促进跳跃能力的发展与提高。

(2)学生通过学习和游戏，发展速度、力量和身体协调性，提高学生的练习兴趣，促进上下肢力量均衡发展。

(3)树立自尊与自信，勇于展示自我的精神，提高学生之间的团结合作能力，增强团队意识。

2. 教学重难点

重点：蹬地有力，落地缓冲

难点：蹬摆配合

四、教学资源设计

教学方法：讲解示范法、学生练习法、观察评价法、游戏比赛法、表扬激励法。

教学手段：利用大屏幕，与 iPad 的现代化电子教学手段，从图、文、声、像全方位的感知技术动作的要领，设计多种跳跃游戏，利用教师示范、游戏比赛等手段，在练习中利用小组合作、展示、激励等，充分调动学生对跳跃动作的练习兴趣，提高跳跃能力。

教学资源：标志杆 8 根、皮筋 8 根、铃铛 4 个、沙包 40 个、呼啦圈 4 个。

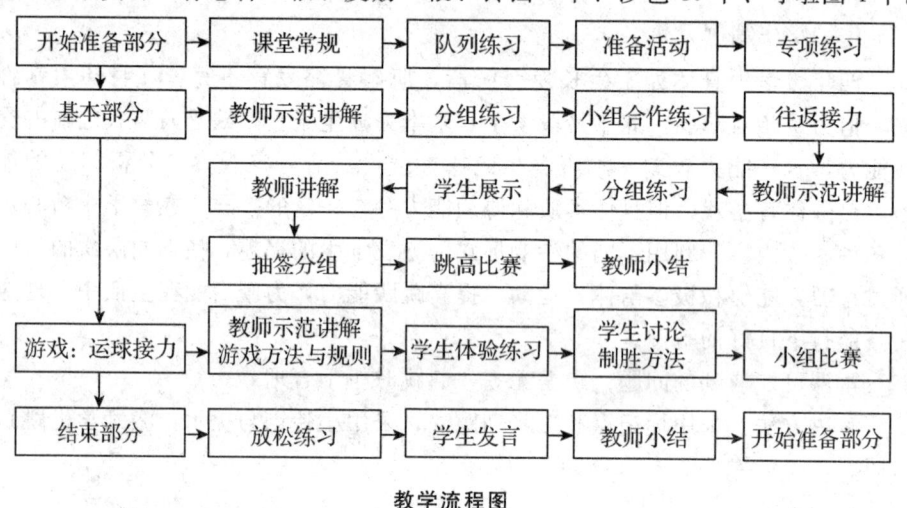

教学流程图

五、教学过程

(一)开始准备部分(9—10 分钟)

1. 课堂常规

(1)体委集合整队，报告人数。

(2)师生问好。

(3)教师宣布课堂内容，并提出要求(学练认真、团结协作)。

(4)检查服装，安排见习生。

要求：学生认真倾听，保持良好的精神面貌。

2. 队列练习：三面转法，原地踏步走(1 分钟)

要求：精神饱满，动作规范，转法做到一转二靠，队列练习整齐一致摆臂有力。

3. 行进间准备活动(4×8)

(1)头部运动(2)肩绕环(3)体转运动(4)腰绕环(5)弓步压腿(6)手腕脚踝(7)跳跃运动

要求：教师利用iPad播放音乐，学生在音乐的伴奏下踏步进入场地，跟随音乐节奏，跟随教师完成准备活动。

目的：创新准备活动的练习形式，充分准备活动的同时，提高准备活动的趣味性。

4. 专项准备活动：跳起摸高(2次)

要求：在场地内设置四面下垂的旗子，学生通过助跑，起跳用手触摸旗子。

目的：通过摸高练习，使学生身体得到充分活动，提高跳跃兴趣，为主教材的跳跃游戏做好准备。

5. 跑动进入场地

(二)基本部分(18—20分钟)

1. 单踏双落与单踏单落：教师示范并讲解练习方法

地面贴有小标记，学生按标记跳跃。

要求：学生认真倾听

目的：促进学生左右脚力量均衡发展

2. 分解练习(2次)

学生分成四人小组练习，跳跃过程中，踏准地面小标记，完成后回到队尾。

目的：使学生在练习过程中能做到眼与脚的协调配合，控制好自己身体。

3. 计数跳跃(2次)

学生相互协作，同组成员记录练习者踏跳不准确的次数。

目的：通过小组协作，提高学生的合作意识，同时促进练习学生努力完成。

4. 往返跳跃接力(2次)

学生按照标记跳跃，到达终点后折返，跳跃返回。

目的：通过练习促进学生在快速跳跃中的踏跳准确性。

5. 小组协作跳跃横绳：教师示范并讲解练习方法

两人拉皮筋，两人练习，跳跃高度设为三级(1)蹲姿，膝盖位置为1级(2)

蹲姿，肩膀位置为2级(3)站姿，腰部位置为3级

要求：学生认真倾听

目的：关注学生个体差异，使每个学生都获得成功的喜悦

6. 学生四人小组练习(7—10次)

要求：学生按顺序完成跳跃，寻找最好的过绳方法

目的：通过介绍提高学生对跳跃能力重要性的认识，激发学生的练习兴趣。

7. 学生展示

邀请一名通过三级高度跳跃的学生进行展示，并总结出过横绳的原因。

目的：学生经过练习，自我发现所学过的跨越式跳高所能跳跃的高度最高，激发学生对跨越式跳高的练习兴趣。

8. 教师利用多媒体技术再次展示跨越式跳高的图片与动作要领

目的：巩固与强化所学内容，并在之后的练习中得到应用。

9. 抽签分组：将学生分为8人一小组

每个小组的组长抽签决定，与那个小组合并。

目的：通过抽签快速分组，并提高组合的不确定性，在提高学生兴趣的同时，使之后的比赛公平合理。

10. 跳高比赛：(5—7次)

在标杆上，标注高度，并逐渐提高，学生依次挑战高度，在跳高绳上夹小铃铛，跨越无声组为胜。

目的：增强学生的团队意识，并通过小铃铛，直观的了解学生的练习情况，增强比赛性与游戏性。

11. 教师小结：教师小结学习成果

(三)游戏部分铁甲连环马(8—10分钟)

【设计意图】 在低年级阶段，我们曾经进行过骑竹马游戏，深受孩子们的喜爱。随着学生年龄的增长，为提高游戏的趣味性，将竹马连接成为连环马阵，本游戏主要以上下肢配合，同时结合主教材，使学生上肢同样得到锻炼，提高学生的协调能力，并通过游戏，学生学会交流合作，提高学生的团队意识和团结协作的精神，在游戏中体会到运动带来的快乐。

游戏方法：每组八名同学，双人组合同时出发，快速起跑，到达器械区，骑好"马"，拿好沙包，跑动到投掷区域，向标把投掷。快速返回，放置好器材

返回出发点进行接力,以最快者为胜。

游戏规则:1.不得抢跑;2.击掌接力;3.等待同学不能越线;4.在器材摆放好的情况下争取速度。

游戏过程:1.教师示范并讲解游戏方法与规则;2.学生体验练习(1次);3.学生讨论制胜方法;4.小组对抗赛(2—3次)。

(四)结束部分(1—2分钟)

1. 师生在音乐的伴奏下一起完成放松操,使学生在体育运动后身心得到充分放松,愉悦学生的心情。同时调整学生心率为下节课做好准备。(1分钟)

2. 教师总结及时到位,表扬学生的优点,提出不足与希望,学生积极发言,学会反思,养成有始有终的良好习惯。

3. 师生再见,安排值日生收还器材,使学生养成爱护器材的习惯。

六、学习效果评价设计

本课教师通过多样灵活的跳跃游戏与器材的应用,营造了和谐有序的课堂氛围,提高练习的轻松性与主动性。在教学过程中,采用教师及时评价,学生自评与互评的方式,使学生积极参与活动,教学相长。通过游戏的设计与练习,激发学生参与学练的兴趣促进跳跃能力的发展与提高,达成了教学目标。

七、教学设计特色说明

1. 通过教学环节的设计,体现了单脚跳跃练习的逻辑性,同时联系生活实际,使学生了解跳跃的实际应用价值。

2. 通过器材的合理利用,减少了不必要的准备工作,并提高了场地与器材的利用率,做到了一物多用。

3. 利用现代化多媒体设备,播放音乐与图像,应用简便,充分激发学生的练习兴趣。

4. 游戏形式设计新颖,能够充分调动学生的练习兴趣,提高练习效果。

教学反思:在"拼"中成长

高强度,快节奏的一个学期,即将结束了。回首这个学期,说课大赛无疑成了回忆中的亮点。从学期伊始的筹备,到校内选拔,再到学区的拼杀,最终走向区级赛场,与全区的优秀教师进行同场竞技。无疑,每走出一步都付出了巨大的心力,同时也更离不开,领导、老师们无微不至的关怀与帮助。

作为体育学科的区级学科带头人，说课这项活动，对我来说已经是轻车熟路了。但通过这次比赛的拼杀，我认为，我仍然有了长足的进步与成长。在比赛过程中晋级赛相对顺利，但当我抽到区比赛题目的时候，真是无从下手。本以为对教材很熟悉的我，不得不重新研究教材。而这次重新研读，让我更加确定了教材的重要性。

本次比赛我抽取的是"发展学生跳跃能力的练习与游戏"，首先，我们在体育教学中习惯采用的三段式教学，在教学的基本部分中，习惯了用单一的主教材进行教学，通过教师教与学生学的循序渐进方式，逐渐促进学生掌握相应的运动技能。而在本课中，练习与游戏打破了教学内容的局限性，将单一的技能教授，变成了能力的培养。经过与同组教师和专家的交流，我确定了三个游戏，充当主教材。其次，针对主教材的设计，我创新性地设计了小组合作式的，上下肢配合游戏。

当教学内容设计完成后，将进入到课程的录制环节。而针对与本课，我只是简单地将更重教学内容进行了相应的罗列，相对于以往的教学中，以学生逐步掌握运动技能相比，在本课中，三个游戏的编排，并没有相应的逻辑思维，对我的教学进行支撑。简单地说，虽然课设计好了，但是我的思路是混乱的。找到一个合理的课程思路，成为我上好并说好这节课最大的障碍。

为了能找到这灵感，我不断地和孩子磨、老师磨，也和自己磨。随着准备时间一分一秒地度过，我越来越浮躁。经过两天的折腾，我是完全找不到一点思路。无奈我对自己说的就是放弃了。

放学时间，依旧是孩子们排队出校，家长在门口等待。我也按部就班地组织学生们有序地离校。一名家长接到自己的孩子后，拉着手过马路，孩子使劲儿向前跑，一辆车快速地开过来。家长用力将孩子拉回来，情况相当的危险。家长呵斥道："平时跟你说了多少遍了，过马路要看清楚再走，怎么就不知道做呢！？"这一幕一闪而过。在回家的路上，我和爱人谈起这惊险一幕，说着说着，我自己就卡住了。并不是忘记，而是这个小环节让我课程设计中的那点迷茫逐渐清晰。孩子是真不记得家长的话吗？家长虽然千叮咛万嘱咐，但孩子并没有过实际体验过，他并不知道如何去应用。

回归到本节课中，跳跃能力的技术动作我们学习得再多，但相对于生活中，孩子们又知道多少它的实际应用价值呢？没错，我们这节课的主线终于浮出水面，我们要教授的并不是孩子跳跃的技能，而是将枯燥的技术与我们的生活实际相连接，让学生真正的学以致用。现今中高考的改革，更贴近了文化知识的实际应用性，而体育也更应该如此。

最终的比赛也随之来临。即使是比赛后一月有余的今天，我也不禁在想，教材的修订与改变，是时刻贴近现阶段社会形态的体现。我们不能把自己标榜成圣人，无论走到什么时候，我们最终还要回到教材，认真研读。体育来源与生活，我们作为体育教师，应当将教材中的体育技能，定向还原，让学生在把握的同时，了解技能的应用价值。终身体育不是口号，而是需要我们所有体育人不懈的努力。让我们一起研读教材，做好教学，共铸我们教育美好的未来。

专家点评

教师对教学内容的理解和复习基本到位，能找出教学内容的纵向体系，既原地单双脚跳——在移动中的单双脚跳，因此在教学设计中根据这一推理来进行安排逻辑性较强，并能根据水平二，四年级的学生特点及认知水平及课次的要求制定本课次的教学目标，符合要求，目标明确、具体、比较全面，有可操作性和可评价性，教学重难点定位比较准确，要求明确。

教学过程的设计围绕解决教学重难点展开，体现了体育与健康学科以身体练习为主要手段，以体育与健康的知识、技能与方法为主要学习内容，以增进学生健康，培养学生终身体育的意识和能力为主要目标的课程的"三个为主"的课程性质。教学过程层次清楚，逻辑性较强，教法手段行之有效，比较注重自主体验，合作学习，集体讨论交流等形式进行，不仅激发了学生的学练积极性，而且提高了积极思考，相互交流的能力，体现了学生是课堂学习的主体。

教学设计中，注重联系生活实际，学以致用，同时加强了跳跃练习的自我安全教育，为终身体育奠定良好的基础。设计中充分利用了学校现有的现代化多媒体设备，播放音乐与图像，应用简便，充分激发学生的练习兴趣，并在场地和器材的利用方面做到的简便易行，实效性强。

建议：练习密度可适当提高些。

点评人：鹿崇云（人民教育出版社特聘专家）

《发展跳跃能力的练习与游戏》教学设计

北京教育学院附属海淀实验小学　林　辉

学科：体育　　学段：第二学段　　年级：四年级　　教材：人教版

一、指导思想与理论依据

本课以"健康第一"为指导思想，以《体育与健康课程标准》的基本理念为理论依据，课堂教学以发展双脚跳跃能力方法和学习知识为主线，以身体练习和游戏为主要手段，激发学生运动兴趣，发挥教师主导作用同时，突出学生主体学习地位，运用灵活、有趣、多样的的教学方法和教学手段，发展学生跳跃能力，教师面向全体学生同时，还要关注到个体差异，让每位学生都能在活动中体验运动的乐趣，提高跳跃能力，促进身心全面发展。

二、教学背景分析

（一）教材分析

本课内容是人教版《体育与健康》水平二、四年级发展跳跃能力的教材，是在学生已经掌握一定跳跃能力的基础上，继续发展单双脚跳跃能力，以游戏化教学形式提高参与体育活动的兴趣，在跳跃活动中发展学生灵敏、柔韧、协调素质，同时培养学生勇敢果断、克服困难的好品质。

单元计划：

课次	技能目标	教学重难点
1	初步掌握单脚跳跃方法，做到踏跳有力，上下肢动作协调，动作连贯，从而发展单脚跳跃能力。	重点：踏跳有力，动作连贯。 难点：上下肢动作的协调配合。
2	初步掌握双脚跳跃方法，做到蹬地有力，迅速提膝、落地缓冲，上下肢协调配合，从而发展双脚跳跃能力。	重点：蹬地有力，落地缓冲。 难点：上下肢动作的协调配合。

（二）学情分析

四年级学生活泼好动，乐于挑战，喜欢参与体育活动，为了更好地集中学生注意力，教学方式要多样化，这个班级学生身体素质普遍较好，个别学生能力上有一些差异。通过前期课堂教学，我觉得要进一步改进他们双脚用力动作，提升学生跳跃协调能力以及自我保护能力。

三、教学目标

1. 初步掌握双脚跳跃方法，做到蹬地有力、迅速提膝、落地缓冲，发展双脚跳跃能力。

2. 发展学生灵敏、柔韧、协调素质，增强腿部力量，提高跳跃能力和掷准能力。

3. 培养学生勇敢、果断和克服困难的好品质，通过交流合作建立良好的人际关系。

教学重点：蹬地有力、迅速提膝、落地缓冲

教学难点：上下肢协调配合

四、教学流程图

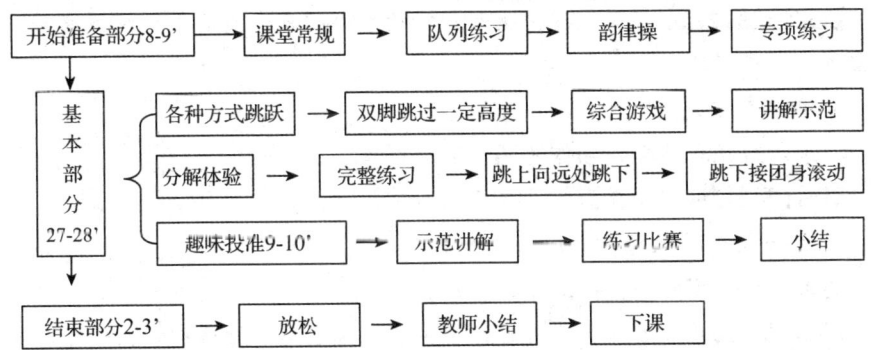

五、教学过程

(一)开始准备部分(8—9分钟)

1. 常规

要求：认真学习，积极锻炼，争取达成本课学习目标。

【设计意图】让学生知道学习内容和任务，激发学生学习兴趣。

2. 队列练习：三面转法(2—3次)

要求：动作整齐规范，声音洪亮。

【设计意图】对学生进行常规培养。

3. 踏板操：在音乐伴奏下，完成热身操。（4×8拍）

要求：动作准确到位，姿态优美。

【设计意图】充分活动各关节，培养正确身体姿势。

4. 专项练习：① 小猴摘桃(双脚原地跳跃练习)。②跳起提膝(3—4次)

要求：注意力集中，动作做到位。

【设计意图】主要部位活动充分，以情景的方式拉近师生关系，让学生初步具有提膝意识，为主教材学习打基础。

(二)基本部分：发展跳跃能力的练习与游戏 (27—28分钟)

1. 单双脚跳跃(4—5次)

要求：动作协调、有弹性。

【设计意图】体验各种方式跳跃，用拼接小垫子中的方格规范学生跳跃动作。

2. 双脚跳过一定高度练习(4—5次)

要求：四人合作，双脚用力向上跳，动作协调。

【设计意图】用小栏架促进学生双脚连续用力跳跃，提高学生练习兴趣，为后面的学习做铺垫。

3. 综合跳跃游戏(1—2次)

要求：跳跃有节奏，动作协调。

【设计意图】用游戏提高练习兴趣，向主教材接近。

4. 结合展板，教师示范讲解动作方法(1—2次)

要求：认真观察，记住动作要领。

【设计意图】通过教师示范讲解，学生从直观上建立正确的动作印象，了解在实践中的应用。

5. 分解体验跳上一定高度练习(2—3次)

要求：蹬地、提膝、屈膝缓冲。

【设计意图】通过分解练习，学生在较低的高物上初步体验动作方法。

6. 分解体验跳上更高高度练习(2—3次)

要求：用力蹬地、轻巧落地。

【设计意图】在初步掌握动作的基础上，增加高度，让学生逐步掌握动作方法。

7. 完整动作练习(5—6次)

要求：蹬地有力，轻巧落地。

【设计意图】在初步掌握动作方法的基础上做完整练习,利用优秀学生的展示,激发学生表现欲望,巩固提高技术动作。

8. 在一定高度上,用力向远处跳下(2—3次)

要求:协调用力,落地平稳。

【设计意图】激发学生挑战欲望,进一步巩固动作要领,在落点较远的情况下还能做到落地平稳。

9. 在一定高度上,跳下接团身滚动(2—3次)

要求:动作协调、团身滚动。

【设计意图】发展双脚协调跳跃能力,落地后顺势向前团身滚动,进一步提高自我保护能力,变换的练习方式更有挑战性和趣味性,学生的积极性会大大提高。

10. 拓展小游戏(1次)

要求:动作协调、团身。

【设计意图】让学生体验运动的快乐,在活动中巩固知识。

11. 小结

(三)游戏:趣味投准(9—10分钟)

(1)教师示范、讲解游戏方法和规则。

要求:学生认真观看,听清游戏方法,记住游戏规则。

【设计意图】游戏方法和规则是游戏的核心,通过教师的示范讲解,让学生看清方法、懂得规则。

(2)分组练习(1—2次)

要求:记住游戏方法,遵守游戏规则。

【设计意图】通过练习,让学生熟悉游戏全程,体验并记住游戏规则。

(3)分组比赛(2—3次)

要求:遵守游戏规则,尊重同伴和对手,注意安全。

【设计意图】通过变化游戏方式,提高学生运动兴趣和投准能力。

(4)教师小结

(四)结束部分(2—3分钟)

1. 放松练习(1次)

要求:动作舒缓,充分放松身心。

【设计意图】放松身心,增进师生感情。

2. 教师引导，学生畅谈本课收获和体会，对知识技能掌握情况进行简要小结，指出不足，提出希望。

3. 宣布下课，师生再见，收拾器材。

六、学习效果评价设计

综上所述，课堂教学创设了游戏形式的学习，学生学习兴趣浓厚，拓展中跳跃接团身滚动，学生克服困难勇于挑战，在玩中正确掌握跳跃动作和自我保护本领，最主要学生身心得到了锻炼。达成了本课学习目标。

全课练习密度预计为33%—36%

全课平均心率预计为126—132次/分

七、教学设计特色说明

1. 联系生活实际组织教学，以游戏化的教学方式，让学生学会自我保护，提高生存能力。

2. 充分体现一物多用原则，从开始准备部分到主教材，利用小垫子做多样、实用的跳跃练习，简单又有效。

3. 发展跳跃能力同时创设跳跃游戏，学生在玩中学、学中练，更深切体验了技术动作和团队精神。

教学反思

《发展跳跃能力的练习与游戏》是水平二教材中跳跃教材中的一项内容，我的理解是在学生有了一定的跳跃基础上，继续发展单双脚跳跃能力，并以游戏化的形式组织教学。让学生在参与的过程中提高跳跃能力，培养柔韧、灵敏素质，获得运动的乐趣。

发展跳跃能力，是通过各项活动发展技能，并不是单纯地学习技术。我根据四年级学生特点和教材内容，结合生活实际，选择发展学生双脚跳跃能力，从准备部分的"小猴摘桃"开始练习，进行双脚的跳跃活动。"小猴摘桃"的目的是让学生体会双脚起跳用力、轻巧落地的感觉，加入情境，一下子就激起学生的练习兴趣，为学习主教材做了很好的铺垫。主教材的第一个小活动，是培养学生连续协调跳跃能力。把四块垫子拼成一块梯形场地，而且还有一个一个小格子，就像学生喜欢玩的跳房子一样，他们很乐于参与。中间还加入一个自己用小栏架布置场地，连续双脚向上跳跃的环节，并安排了小的比赛，更激发了孩子参与的热情。这既是一个复习多种跳跃的练习，又是比拼能力的小游戏，简单的活动，达到了教学目标，为后面学习做了提膝的体验。

发展能力的教材并不是布置好场地，一味地让学生去练习跳，这样会失去了课堂教与学的本质，只是在比重上安排得要合理一些。主教材我用生活中可能会遇到各种障碍为主题，把小垫子比作高高的"岩石"，让学生学会双脚用力跳上、安全跳下技术，从这个情境入手，激发学生挑战的欲望。先观察后体验，再从跳较低的"岩石"到跳较高的"岩石"，由易到难逐步掌握技术要领。再用生活中可能会遇到更高物体做引导，让学生跳过一定远度，跳下后顺势接团身滚动。这样练习形式不断变化，难度逐渐提升，学生挑战的兴趣越来越浓，而且练习内容紧密联系生活实际，有效地提高学生自我保护能力。

游戏环节选择的是趣味投准。圆形的靶环分值不同，学生有自己的投掷目标。根据四年级学生能力把打固定靶升华到打移动靶，运动兴趣大大提高，两个教材的合理搭配，有效地促进了学生上下肢的协调发展。全课练习密度比较适宜，结构清晰、层次分明、节奏平稳。在练习过程中采用了多元化的评价方式，及时反馈学习效果。我在不同练习中都会提示学生要求，让他们有目的地去做。

当然，这节课也暴露出不足。首先，教师和学生的互动还要加强。虽然我在很多时候都抛出问题，引导学生回答，但是学生的情绪没调动起来，效果并不明显。中高年级学生是非常喜欢体育运动的，但是由于年龄特点，在课堂上不能甚至不敢去释放，这时候教师的引导是非常重要的。教师需要用练习或语言刺激学生兴奋点，但又不能过度，这样学生的注意力也会集中，对学习有促进作用。所以，这个教学技巧我还要去探索。

其次，在组织学生活动中，我对学生完成动作的观察应该更仔细、全面，及时提示学生动作。教师的关心和帮助是学生学习的动力，尤其是对能力稍差的学生，要给予更多的关注。能够看出学生很喜欢我设计的游戏化的练习方式，也达到了预期的学习效果，再上课时还可以再加一些障碍。比如同样的高度让学生体验连续跳跃，让他们在连续跳跃障碍的过程中，发展双脚跳跃能力，学生挑战的积极性会更高。

再次，游戏的形式还可以多样化，利用小垫子设计趣味性强的游戏，学生应该会更喜欢，同时可以开发学生思维，通过动手动脑培养其创新能力，也能够体现一物多用的原则。将小垫子贯穿始终，这样的模式更利于常态教学。

总之，每一次上课对自己都是一次历练，准备的过程就是成长的足迹，只有不断磨炼才能逐步提高教学技巧，成长为高素质教师，让课堂变为学生的学习乐园。

专家点评

本课教学设计是发展跳跃能力的练习与游戏的内容，依据全面发展的原则搭配趣味投准游戏，使学生的上下肢都得到了锻炼和发展。有利于健康全面发展学生身体，效果很好。

教学目标定位比较合理、恰当，体现了知识与技能，过程与方法，情感态度与价值观的三维观；教学重点及难点明确，教学过程的设计能围绕着解决教学重难点展开，方法与形式有效，层次清楚，要求比较明确，具有一定的逻辑性，同时能根据四年级学生的身心特点和认知水平，以及身心发展规律，遵循体育与健康教学的基本原则采取由易到难、由分解到完整循序渐进地逐步提高难度和要求，激发学生学练的积极性和主动性，并在教师的主导下，较好地体现了学生的主体性。

全课的设计注重了学生兴趣的培养，采用游戏的形式和方法进行教学，大大激发了学生的学习兴趣，使学生真正做到在玩中学，学中练，练中提高，并在学练的过程中加强与同伴的交流。促进和提高了合作学习的能力。在跳跃的练习中密切联系生活实际，将体育课堂学练的知识与技能运用到实际中去，为终身体育奠定良好的基础，这是我们在教学中必须要关注和加强的问题。

由于本课次是复习和提高课，因此建议全课的练习密度可适当再大一些。

点评人：鹿崇云（人民教育出版社特聘专家）

音乐

《晚会》教学设计

北京教育学院附属海淀实验小学 刘颖涛

学科：音乐   学段：第一学段   年级：二年级   教材：人民音乐出版社

一、指导思想与理论依据

本课基于《课标》中"弘扬民族音乐，理解音乐文化多样性"，"教学中应激发学生听赏音乐的兴趣，体验不同情绪的音乐，能够自然流露出相应表情或做出体态反应"的理念进行教学设计。

以音乐为本，从听觉入手，结合低年级学生的年龄及认知特点，在"静听"的基础上引导学生"动听"。通过聆听、律动、演唱、演奏等不同方式在音乐实践活动中感受乐曲《晚会》热闹喜庆的气氛。了解乐曲的结构、音乐特点。逐步养成聆听音乐的良好习惯，提高音乐欣赏能力。

二、教学背景分析

(一)教学内容分析

1. 教材分析

在全册教材中，中国作品共101首，占全部聆听作品的58.05%。中国乐曲占49.95%。民族音乐是教材中重要的一部分内容。本册教材包含14首聆听曲目，其中中国作品8首，占57.14%的比例。本课是小学二年级上册中的一首欣赏作品，在前期的欣赏作品中，本课是学生接触到的第一首富有民族色彩的管弦乐曲。

通过对本课的欣赏学习，使学生音乐视野得到拓展，更加热爱民族音乐。本课学习以乐曲《晚会》的欣赏与感受为核心内容，有机结合在教学过程中感悟音乐情绪与情感，了解音乐体裁与形式及其他领域的相关内容，丰富学生学习知识的深度与广度。

2. 作品分析

《晚会》是一首富有鲜明民族色彩的管弦乐曲，结构短小、紧凑，旋律优美、朴素，采用民族调式和民间音乐的手法，音乐中创造性地运用了中国民间锣鼓节奏，配器手法简洁，音色多变，生动形象地描绘了晚会热闹愉快的气氛，表达了解放区人民欢庆胜利，迎接解放的兴奋、欢乐心情。

全曲分两大乐段，第一乐段有三个小段落。

第一小段：

乐曲开始，乐队合奏，鼓乐齐鸣，预示着晚会开始了。

第三乐句用第二乐句的句尾材料，发展为木管和弦乐两个对答式的分句，形成对比。

第四乐句是一个活泼的下行模进的旋律，这个地道的中国竹笛旋律由短笛、长笛和第一小提琴演奏，并增加了同类乐器的相隔四度的附加声部，低音弦乐奏反向级进的拨弦，生动地表现晚会上欢乐的气氛。

第二小段：

接着，出现截用前句结尾材料音型，发展为对答式的模进。这是个短暂的过渡，很自然地引出第二小段旋律。

这个主题是在前面音型的基础上，增加了新材料组成的。先是强力度，由

木管乐器主奏，铜管乐器和弦乐作节奏加强性的伴奏，接着变弱，第一小提琴在低八度重复主题；第三乐句是简短有力的问句，木管乐器主奏，铜管乐器伴奏；第四乐句由第一小提琴主奏，旋律在第三乐句的基础上加长发展，停留在徵音上，这段音乐富有力度和色彩的对比。

第三小段：

开始是铜管乐器主奏，节奏铿锵有力，作者在这里创造性地运用了民间锣鼓节奏，笛子在高音区的吹奏，造成十分热烈而欢快的情绪。

第二乐段是第一大段的变化重复，结构较前紧凑，热闹欢乐的气氛更为集中，末尾部分的配器采用了全奏，主旋律是三个八度的齐奏，乐曲在强烈的高潮中结束。

3. 音乐与相关文化分析

《晚会》是一首富有鲜明民族色彩的管弦乐曲。这首曲子原名《闹新年》，是贺绿汀在1934年创作的一首钢琴作品。1940年在重庆改编成管弦乐曲演出。采用民族调式和民间音乐的旋法，音乐中创造性地运用了中国民间锣鼓节奏，配器手法简洁，音色多变，生动形象地描绘了晚会热闹愉快的气氛。

4. 音响分析

《晚会》有两个版本，钢琴演奏和管弦乐演奏，本课选用管弦乐演奏版本。

(二)学生情况分析

1. 年龄特点

二年级学生处于小学低年级阶段，他们活泼好动、善于模仿及表现、思维活跃，喜欢聆听欢快活泼、形象鲜明的乐曲。

2. 感受与欣赏认知能力

能够听辨速度力度以及音乐情绪的变化，能够模唱简单的主题旋律，能用肢体动作表达对音乐的感受。能听出简单的打击乐器音色并为乐曲伴奏。

3. 听觉习惯

能够安静聆听音乐，并随着音乐做出相应的体态反应。

(三)教学方式与教学手段

本课采用了聆听感受、合作探究、体验律动、模唱主题等教学方式。

(四)技术准备

上网查阅相关资料、音频、视频；用 overture 制作乐谱；用 PowerPoint 制作课件；用格式工厂截取音乐片段。

(五)前期教学状况、问题与对策

能够听辨速度力度以及音乐情绪的变化，能够模唱简单的主题旋律，能用肢体动作表达对音乐的感受。能听出简单的乐器音色并能用打击乐器为乐曲伴奏。在前期的欣赏教学中，老师注意培养学生的听觉能力和听赏习惯。学生通过感受能够描绘出音乐的情绪，对音乐的力度、速度、音色具有一定的分辨能力。

问题一：不能准确听辨乐曲段落。

对策：通过聆听、对比、演唱、演奏、律动等方式帮助学生感受音乐段落。

问题二：不能准确的运用音乐语言来描述音乐的变化。

对策：多给学生创设表达的机会，运用选择答案的方法提示学生并从中规范音乐术语。

三、教学目标

1. 教学目标

(1)情感、态度、价值观

学生感受乐曲《晚会》热烈喜悦的气氛和鲜明的民族特点，通过聆听对乐曲产生感情。

(2)过程与方法

学生通过完整、分段聆听，模唱主题旋律，感受乐曲的风格、情绪。再通过律动体验、合作演奏等不同方式了解乐曲的结构、音乐特点，感受乐曲热闹喜庆的气氛。

(3)知识与技能

①能用民族打击乐器为乐曲伴奏。

②能听辨乐曲的演奏顺序了解乐曲结构。

③能够感受到乐曲热闹喜悦的气氛和鲜明的民族特点。

2. 教学重点与难点

(1)教学重点

乐曲《晚会》的感受与体验。

(2)教学难点

乐曲《晚会》的民族特色及段落听辨。

四、教学过程

本课由四个环节组成：初听全曲，感受情绪—分段欣赏，探究特点—视听结合，拓展延伸—完整欣赏，表现音乐。具体过程如下：

(一)初听全曲，感受情绪

阶段目标：初听全曲，感受乐曲热闹喜悦的气氛，引出管弦乐《晚会》。

【设计意图】这是一首具有民族色彩的管弦乐作品，乐曲开始，乐队合奏，鼓乐齐鸣，预示着晚会开始了。迅速把学生带入作品喜庆、热闹的音乐情绪中，又激发了学生进一步聆听的兴趣。

1. 聆听全曲，感受音乐情绪。

思考：音乐带给你什么感受？

学生谈感受——热闹、喜庆，引出课题：晚会

2. 作者介绍：贺绿汀作曲家、音乐教育家。

3. 复听全曲，知道课题《晚会》及作品的演奏形式—管弦乐合奏。

师：下面请欣赏管弦乐合奏。

生：晚会

(二)分段欣赏，探究特点

阶段目标：分段感受音乐情绪，了解音乐特点。

【设计意图】创设情境，引导学生在音乐实践活动中感受乐曲不同乐段所表达的不同音乐情绪的变化。

1. 完整聆听乐曲"第一乐段"。

2. 聆听第一小段，感受音乐情绪。

(1)初听乐曲"第一小段"，感受音乐情绪。

(2)再次聆听、观察乐谱后记写主要音符。通过演唱，发现乐曲中民族五声调式的特点。

(3)三听乐曲，探究音响特点，出示演奏乐器图片(木管组和弦乐组)。模仿乐器演奏。

3. 聆听第二小段，感受音乐情绪。

(1) 初听乐曲"第二小段"，感受情绪。

(2) 再次聆听，发现音乐发展为"对答式"的模进特点。

(3) 三听乐曲，创设情境——"扭秧歌"。

欣赏视频，学习"秧歌"的基本动作。表现晚会上男女老少兴高采烈的欢乐场面。

4. 乐曲"第三小段"感受音乐情绪变化。

(1) 初听乐曲"第三小段"，感受情绪变化。思考：力度是怎样的？

(2) 再次聆听，发现乐器音色的变化，思考：主奏乐器是什么？

(3) 三听乐曲，探究音响特点，欣赏视频。（截取铜管乐器演奏的片段）

(4) 四听乐曲，思考：节奏有什么变化？感受切分节奏对于表达音乐情绪的作用。

老师示范：0 × ×× ×

学生模仿拍击、演唱、演奏。

引导学生自主探究中国鼓及铃鼓的演奏方法，指导学生正确的演奏切分节奏。

5. 完整欣赏乐曲"第一乐段"。

6. 完整欣赏乐曲"第二乐段"，感受第二乐段是第一乐段的变化重复。

(三) 视听结合，拓展延伸

阶段目标：完整感受作品魅力。

【设计意图】欣赏《晚会》演出视频，从听觉、视觉上加深对管弦乐的整体感知与喜爱。

1. 欣赏管弦乐《晚会》演出视频。
2. 欣赏钢琴《晚会》演出视频。

(四)完整欣赏,体验音乐

阶段目标:深度体验音乐,以两种不同的状态(静听、动听)聆听全曲,加深对音乐形象的感受与理解,培养学生听赏及表现音乐的能力。

【设计意图】在小学阶段,可以安静地听,也可以在活动中感受和体验。

1. 安静聆听《晚会》。
2. 再次完整聆听,学生分小组,用不同的表演形式表现音乐。
3. 师生以谈话方式进行总结。

五、学习效果评价设计

(一)评价方式

本课采用形成性评价,关注学生在学习过程中的情感、态度、方法、知识、技能发展中的变化,通过学生自评、生生互评、师生互评的方式进行评价,有效促进学生的发展。

(二)评价量规

项目	评价要点	A优秀 B良好 C一般		
		自评	互评	师评
教学效果评价	能够感受到乐曲热闹喜悦的气氛和鲜明的民族特点。			
	知道乐曲的曲名和演奏乐器。			
	能用民族打击乐器为乐曲伴奏。			

六、教学设计特色说明

1. 创设情境激发兴趣

这首乐曲的名字是《晚会》,特别接近孩子的生活,为了让孩子更好的投入到音乐活动中,所以从上课一开始我就创设了教学情境,以晚会的形式呈现。音乐的每一个小段落就是晚会中的一个小节目。既激发了学生对音乐的兴趣,又在这个过程中了解民族音乐的特点,巩固对管弦乐相关知识的认识。

2. 关注民族音乐文化

本班学生是二年级学生,这首乐曲是他们接触到的第一首富有鲜明民族色彩的管弦乐作品。本课关注民族音乐的知识、特点。比如通过聆听、对比、记写、演唱民族五声调式音阶、运用秧歌感受对答式的音乐特点、运用民族打击乐器为乐曲伴奏等，加深学生对音乐的理解，培养他们热爱民族音乐。

教学反思

《晚会》是小学二年级上册中的一首欣赏作品，是一首富有鲜明民族色彩的管弦乐曲。这首曲子原名《闹新年》，是贺绿汀在1934年创作的一首钢琴作品。1940年在重庆改编成管弦乐曲演出。采用民族调式和民间音乐的旋法，音乐中创造性地运用了中国民间锣鼓节奏，配器手法简洁，音色多变，生动形象地描绘了晚会热闹愉快的气氛。表达了解放区人民欢庆胜利，迎接解放的兴奋、欢乐心情。在这节课的教学过程中我主要注重了以下几方面的思考：

一、贯彻新课标理念，培养学生欣赏能力

课标中强调感受与欣赏是音乐学习的重要领域，是整个音乐活动的基础，是培养学生音乐审美能力的有效途径。良好的音乐感受能力与欣赏能力的形成，对于学生丰富情感，提高文化素养、增进身心健康具有重要意义。教学中应激发学生听赏音乐的兴趣，鼓励学生对所听音乐表达独立的感受和见解，养成聆听音乐的习惯，逐步积累欣赏音乐的经验。

音乐课中要有音乐，要突出音乐学科的特点，一切教学活动应围绕着音乐展开。《晚会》是一节欣赏课，我设计的教学活动都是围绕着听觉进行的，同时关注学生理解能力的培养。首先关注学生音乐习惯的培养和音乐听觉能力的培养，学生能安静的聆听音乐，这是音乐欣赏课最基本的能力。比如这首乐曲共完整聆听了6遍。在初听全曲感受情绪时，首先是引导生完整聆听乐曲，感受音乐热闹喜悦的气氛，并引出本课的课题《晚会》，然后向学生们介绍作曲家《贺绿汀》，因为这首乐曲比较短小，所以我们会再次完整的复听，了解作品的演奏形式。然后分段感受音乐情绪，了解音乐特点，这也是我本节课重点欣赏的内容。接着完整感受作品魅力，通过欣赏《晚会》演出视频，从听觉、视觉上加深对管弦乐的整体感知与喜爱。最后深度体验音乐，以两种不同的状态（静听、动听）聆听全曲，加深对音乐形象的感受与理解，培养学生听赏及表现音乐的能力。通过多欣赏、多感受、多体验来使学生逐步养成聆听音乐的习惯。

二、围绕教学目标开展音乐教学活动

首先要重视课堂教学目标的设计，并围绕着教学目标开展音乐教学活动。课堂上的教学形式应服从于教学目标，无论采用何种教学方法和手段，都应具有明确的针对性和目的性。

教学目标的确定都是从学情出发，我们的目标是根据学生的年龄特点和认知特点来定的。每个目标都要定得具体、很小、能操作、能实施，教学过程要围绕着教学目标开展音乐教学活动。比如我今天这节欣赏课《晚会》中的过程与方法目标本身就包含两个方面内容，一个是过程一个是方法，这个方法在教学中是行之有效的。乐曲《晚会》的速度快节奏紧密，我们通过完整、分段聆听，模唱主题旋律，感受乐曲《晚会》的风格、情绪。再通过律动体验、合作演奏等不同方式了解乐曲的结构、音乐特点，感受乐曲热闹喜庆的气氛和鲜明的民族特点。第三段是乐曲的高潮部分，音乐的情绪、力度、音色、节奏都发生了变化，所以作为本环节重点精听的内容。在第一次聆听时，感受情绪的变化。因为音乐要素的变化对于情绪的变化起着重要的作用。所以我会引导学生关注音乐要素的学习。学生会首先感受到力度发生了变化。在随后的聆听时学生会发现，力度的变化是因为铜管乐器的加入。我会引导学生关注音色的变化。通过欣赏视频，让学生自主探究铜管乐的音响特点。在第四次聆听时，引导学生观察乐谱，通过模仿拍击、演唱、演奏来感受切分节奏的对音乐情绪变化所产生的作用。这是一个循序渐进，由浅入深的学习过程。

认真研究与设计每一节课的教学目标并紧紧围绕目标来展开音乐教学活动，也就是说让形式服从于目标，方法取决于内容。

三、创设情境激发学生学习兴趣

小学的音乐欣赏课是以音乐创作和音乐表现为前提，以"情"与"境"交融为手段，让学生置身于音乐旋律中，通过教师的引导，在教学中运用各种方法"创设情境，激发情感"。让学生入情入境，去感受和体验音乐美的所在，进一步陶冶学生的身心，促进学生全面、健康的发展是音乐教学的目标。

这首乐曲的名字是《晚会》，特别接近孩子的生活，在分段聆听的过程为了让孩子更好的投入到音乐活动中，所以从上课一开始我就创设了一个非常符合学生年龄特点的教学情境，让学生在这个情境中既喜欢听又听得懂。所以教学过程是以晚会的形式呈现的。学生们知道，乐曲的第一乐句就作为本课晚会的开场曲。音乐的每一个小段落就是晚会中的一个小节目。在深入聆听乐曲中，我会接着宣布晚会的下一个节目是——学生会说"扭秧歌"。最后是完整欣赏、体验音乐，学生会在晚会的情境中结束本课的学习。

情境的创设既激发了学生对音乐的兴趣，又在这个过程中了解民族音乐的特点，巩固对管弦乐相关知识的认识。

四、关注民族音乐文化

苏霍姆林斯基说过，音乐教育并不是音乐家的教育，而首先是人的教育。课标中也明确提出，弘扬民族音乐，增强民族意识，培养爱国主义情操，应将我国各民族优秀的传统音乐作为音乐教学的重要内容。

本班学生是二年级学生，这首乐曲是他们接触到的第一首富有鲜明民族色彩的管弦乐作品。本课的教学设计关注民族音乐的知识、特点。比如：通过聆听、对比、记写、演唱来发现乐曲五声调式的特点。乐曲的第二小段的情绪没有变化，但是音乐发展为对答式的模进，具有浓郁的民族音乐和秧歌的特点。怎么让学生理解这些特点呢，通过反复聆听、观察乐谱、师生对唱，发现这一对答式的特点。在这个基础上欣赏秧歌舞的视频，学习秧歌的基本动作。通过师生互动、生生互动跳秧歌，表现晚会上男女老少兴高采烈的欢乐场面。运用民族打击乐器为乐曲伴奏来探究音响特点，认识主奏乐器，加深学生对音乐的理解，培养他们热爱民族音乐。

本课的欣赏教学，由于受到时间的限制，还是应该再增加欣赏的角度，比如：搜集更多的民族音乐让学生提前了解，让他们更加热爱民族音乐。对乐曲的演奏乐器课上也可以进行更多的对比听辨。

专家点评

中国音乐的感受与欣赏是小学音乐教学的重要内容，是提高学生的审美能力、弘扬民族音乐文化的重要途径。

本节音乐欣赏课的设计基于音乐的特点、基于《音乐课程标准》理念，从音响出发，把聆听作为最基本的感受方式，用各种音乐实践活动参与音乐、体验音乐、表现音乐。

刘颖涛老师的教学设计写作非常规范，内容很严谨，看到了教师的用心与认真。

教师首先对这部作品进行了比较充分地研究和分析，对作品有了深入的理解，也因此产生了比较恰当的教学话题，制定了得当的教学目标。如"知识与技能"目标的内容：1.能用民族打击乐器为乐曲伴奏。2.能听辨乐曲的演奏顺序了解乐曲结构。3.能够感受到乐曲热闹喜悦的气氛和鲜明的民族特点。这些内容，符合教学目标是结果的表述方式要求，符合教学内容特点，符合学生的认知能力，可以实现、可以检测到。

教师的教学过程步骤清晰，整体上采取"总—分—总"的学习结构，使学生在音乐体验与活动中，逐步实现对作品比较深入的感悟、理解，从身体上、心里上进行各种的参与。

　　在教学中教师运用了几个比较有特点的方法，如：教学开始就直接进入作品的初步赏析，简单明了；把"秧歌"引入到教学活动中，体会音乐的民族性和音乐的热烈欢快情绪；引导学生自主探究中国鼓及铃鼓的演奏方法，指导学生正确的演奏……这些教学方法很好地围绕着教学目标进行，教学目标能够得到很好的实现。

点评人：刘晓敬（海淀区教师进修学校教研员）

如戏如歌：龙里格龙

首都师范大学附属小学柳明校区　杨　杉

学科：音乐　　学段：第二学段　　年级：四年级　　教材：人民音乐出版社

一、指导思想与理论依据

（一）指导思想

基于音乐核心素养的内涵，本课立足学生的审美感知经验，在专注体验音乐音响，尤其对中国传统戏曲（京剧）的基本要素，如动作过门儿、儿化音、乐器（京胡、月琴）、行当性格（花旦）等关注。通过语言声调、体态动作、关联复习、感知模唱、声部歌唱、互动评价、应用延伸等教学活动，引导学生逐步对深化如戏如歌的戏歌所传递出来的情绪情感、艺术表现和人文内涵的理解。据此，本课定位为一节以歌唱为主的音乐综合课。

（二）理论依据

基于《音乐课程标准》，围绕"歌唱教学中要创设与歌曲内容相适应的教学情景，激发学生富有感情的演唱。重视并着力加强合唱教学，使学生感受多声音乐的丰富表现力。使他们在演唱表现中享受到美的愉悦、受到美的熏陶"等理念，本课聚焦于音乐表现（演唱）的互动参与和精细聆听，在体验、感悟、表现、创造、沟通与交流的过程中，重点培养学生主动关注作品独特的表现韵味、艺术情趣和中国传统戏曲（京剧）的基本风格与人文理解。

二、教学背景分析

（一）教学内容分析

《龙里格龙》音乐分析

作品：《龙里格龙》——二声部合唱

作者：姚明曲，魏明伦词，朱良镇编合唱

调式：C宫调式

《龙里格龙》是戏歌《流水恋歌》（二声部合唱）的结束段，其核心音调源于京

剧《买水》(表花)中的动作过门儿,属于西皮流水板腔体系。作品 $\underline{5}\ \underline{3\underline{6}}\ \underline{5\underline{0}}\ \underline{\dot{1}\underline{0}}\ |\ \underline{6\underline{5}}\ \underline{3\underline{6}}\ \underline{5\underline{0}}\ 0\ |$ 以为核心音调,运用上四度纵向和声和横向卡农式模仿两种技术作以发展,尤其是上方声部伴有变宫音的闪现,为这段音乐增添了不少灵动和情趣。源于京剧"龙里格龙咚,龙格里格龙"象声词的一贯到底,使得这个结束段的核心意涵更加突出,审美表现在统一中不失生动、活泼中不失集中。

(二)学情分析

四(9)班有41名学生,其中仅7名为北京人,在课前访谈中发现,他们对北京话的儿化音和中国传统戏曲(京剧)的了解十分有限,只有个别学生知道剧种有京剧、黄梅戏等,部分学生提及到他们的爷爷奶奶有看过戏曲的电视节目。在学生审美经验中,对此前通过念白习得过的语言腔调作品比较熟悉。全班学生稳步形成了较为稳定、独立的二声部歌唱能力,尤其体现在三、四度和声和四、五度卡农式模仿上。学生对音乐陈述和发展基本手法的运用有一定积累,如重复、模进、模仿等。学生基本建立起较为专注的精细聆听习惯,且在音乐课上基本养成了表达自己的体验、愿意分享自己的理解的习惯。

(三)教学方式和手段说明

体验性音乐教学方式、实践性音乐教学方式、创作性音乐教学方式、讨论性教学方式

(四)技术准备

PPT、音响。

(五)前期教学状况问题和对策

针对学生对中国传统戏曲——京剧的有限了解,设计从声调的模仿和核心音调的和声创作进行导入,从学生们熟悉的合唱进入课题。针对课程中对于京剧《买水》的聆听,设计细节问题,关注乐器、行当、表达……培养学生精细聆听的习惯。

三、教学目标

1. 教学目标

(1)情感、态度、价值观

通过对音乐音响的感知和体验,尤其是对中国传统戏曲(京剧)基本风格的关注,结合学生已有音乐审美经验,深化学生对中国传统戏曲(京剧)的喜爱之

情,有愿望倾听和观赏京剧艺术的经典唱段和曲目。

(2)过程与方法

①通过语言声调、关联复习、感知模唱、对比聆听、声部歌唱、体态动作等综合体验,精细感受作品的核心音调,精准把握儿化音、动作过门儿,积极关注乐器(月琴、京胡)、行当性格(花旦)等京剧的表现要素,在艺术韵味、情趣表现和人文理解间培养学生主动参与音乐学习的方法。

②通过对比聆听和拓展聆听,初步掌握京剧"过门儿"(核心音调)在"传统"与"现代"中的句式连接与段落形成。

(3)知识与技能

①感受、体验和认知京剧"过门儿"(核心音调)的基本特点与陈述手法。

②关注中国传统戏曲(京剧)声调、动作过门儿、乐器(月琴、京胡)、行当性格(花旦)基本表现,掌握北京话儿化音的咬字吐字和声调表情。

③能够运用跳音、重音、连唱等演唱法,有表情地演唱二声部(四度和声与四度卡农式模仿)。

2. 教学重点与难点

(1)教学重点

①精准体验京剧"过门儿"核心音调的风格特点。

②戏歌中语言声调及儿化音的运用。

③在二声部合唱中解决四度纵向和横向的声部关系。

(2)教学难点

①二声部合唱中高声部变宫(F宫的7)的准确歌唱。

②突出在"咚"上特别重音的演唱。

四、教学过程

(一)语言声调导入,复习以往,创编新授

(1)师生游戏说名字,体悟中国语言中特有的声调。

(2)关联复习《静夜思》、《打花巴掌》,关注中国音乐的腔调和北京方言的儿化音。

(3)尝试带声调读、带腔调创编"龙格里格龙咚,龙格里格龙"。(注意儿化音的发音)

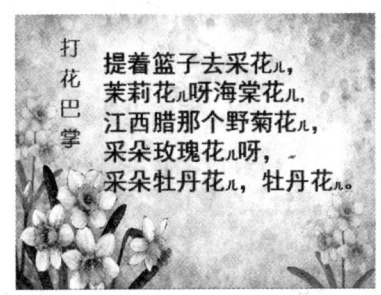

【设计意图】从学生最熟悉的名字声调切入,关联复习已学作品,引发对中国语言声调,戏曲腔调的初步印象,在创编中导出本课主题。

(二)听唱、视唱、合唱《龙里格龙》核心音调

(1)教师演唱"龙里格龙咚,龙格里格龙",学生听辨音名。

(2)教师出示"龙里格龙咚,龙格里格龙"曲谱(有变宫),学生发现变化并视唱。

(3)即兴排练《龙里格龙》核心音调二声部合唱(四度和声(有变宫)的,相隔两拍的四度(有变宫)模仿卡农),鼓励并启发学生,说出它们的内心感受,引导学生发现音乐中连绵、重复的感觉。

```
高的  36  50  ⑦0  |  65  36  50  0  |
     龙  里格ㄦ龙  咚,    龙格ㄦ里格龙。

     5  36  50  10  |  65  36  50  0  |
        龙  里格ㄦ龙  咚,    龙格ㄦ里格ㄦ龙。
```

【设计意图】听辨、视唱《龙里格龙》的核心音调。并自主"创作"(和声与卡农的尝试)《龙里格龙》的二声部合唱(部分),巧妙拉近了学生对作品主题的听觉认知,初步感知音乐发展的"重复"与之后"过门儿"的特征遥相呼应。

(三)精细聆听,欣赏中国传统戏曲京剧

(1)初次闭目聆听京剧《买水》(表花),引导学生关注之前唱过的曲调如何出现,以及对"过门儿"的探讨,包括形式(乐器)、特点、陈述手法。板书:过门儿。

(2)引导学生关注花旦性格特点,进一步欣赏京剧《买水》(表花)片段,细心体会"过门儿"时戏曲角色如何表达,引出"动作过门儿"(连贯情绪,机动灵活)。

【设计意图】在精细聆听、动作模仿、分析讨论中综合体验京剧"过门儿"的形式、特点、陈述手法以及花旦角色的性格特征。

(四)精细排练《龙格里龙》

(1)单声部乐句：借鉴花旦性格中的活泼，尝试跳音、特别重音、强弱变化排练。

(2)缩减乐句：关注空拍，表情术语进行排练。

(3)结束乐句：借鉴《买水》(表花)结束时的拖腔，尝试渐慢、渐弱的表情。

(4)在结构的体会中合唱无伴奏二声部作品《龙格里龙》。

花旦的活泼

龙 里格儿龙 咚，龙格儿里格儿龙

【设计意图】基于欣赏中对"过门""花旦"的分析，分乐句精细排练，将作品中的"表情"与京剧韵味相结合，如戏如歌的演唱作品，自然顺畅地突出儿化音、特别重音、句子的表情。

(五)欣赏《保卫黄河》，进一步关注"过门儿"的传统与现代

(1)欣赏当代交响合唱作品《保卫黄河》的片段，引导学生关注其中的"龙格龙"曲调如何出现。

(2)尝试二声部卡农唱"风在吼，马在叫，黄河在咆哮"，感受"龙格龙"在现代音乐中的色彩和作用。

教师总结：京剧在我们中国这片土地上已经传承了两百多年了，它与我们之前的长调一样都是世界级的非物质文化遗产，它的生、旦、净、丑、唱、念、作、打都是那么生动有趣。虽然今天我们不再向以前的人那样常听常看了，但大家看，一个小小的"过门儿"就能创作那么多好听的音乐。我们生活在北京，京剧是我们北京的"特产"，希望大家以后有机会也去大剧院里看看京剧，更亲切的感受京剧带给我们的美好。

【设计意图】对比聆听现代作品，关注学生对京剧"过门儿"初步掌握"过门儿"在"传统"与"现代"中的句式连接与段落形成。鼓励学生抓住重点、集中概括和分享他们的理解，让学生们独立自主地获得真实的审美经验，深化学生对中国传统戏曲（京剧）的理解和喜爱之情。

五、学习效果评价设计

评价要点	A 优秀	B 良好	C 一般
	自评	互评	师评
1. 精准体验京剧"过门儿"核心音调的风格特点。			
2. 在歌唱中关注儿化音、角色性格			
3. 在二声部合唱中准确歌唱四度纵向和横向的声部关系。			

六、教学设计特色说明

1. 本课从学生最熟悉的名字声调切入，关联复习已学作品，在创编中导出本课主题。

2. 运用相似手法（四度纵向横向的声部歌唱），在合唱中如戏如歌地"创作"出本课作品，自然顺畅地突出儿化音、特别重音、句子的表情。

3. 本课以京剧"过门儿"（核心音调）为红线，结合听唱、视唱与合唱，重点突出基本特点与陈述手法的体验、理解与运用。

教学反思：传统与现代的共响

转眼间，说课比赛已经过去了许久，备赛时的紧张、兴奋、忐忑……仍然历历在目，我尤其记得在进入到区级比赛环节时网上抽课抽到了《龙里格龙》一课时，忍不住发了一条朋友圈："刚研究完蒙古族音乐，又开始研究京剧，我是非物质文化遗产组织派来的……"

嘴上开玩笑，心里却直打鼓。在人音版的小学教材中，戏曲是一个非常小众的领域，仅仅出现过三次，而四年级上册的《龙里格龙》则是第二次出现的"戏歌"（特指由戏曲与其他音乐元素相结合而形成的新艺术形式）。进而思考当今的孩子们，在学校参加合唱团、管弦乐团，课外去音乐厅欣赏音乐会……整日耳濡目染的都是西方音乐、通俗音乐，如何让他们对中国传统的音乐产生亲切感，产生共鸣呢？

一、声韵启蒙，体验探寻中国戏曲独特韵味

"妈妈，那个龙里格龙，龙里格龙，龙里格龙咚龙格里格龙"正当我抱着音

乐书一遍又一遍地哼唱时，家中两岁的孩子也跟着唱起来，孩子话都没说利落呢，稚嫩的童音唱得居然还挺准！我恍然大悟，中国的语言博大精深，其中最为奥妙的地方便是它的声调，我们有了四声，便有了歌一般的古典诗词，地方戏曲……《龙里格龙》的曲调完全取材于中国传统戏曲，而戏曲是与中国的语言腔调紧密结合的，即便仅仅是说出"龙里格龙"这四个字，也是极具旋律性的……就从中国话的声调导入，从孩子们最熟悉的名字声调念起，让他们试着带有声调的去诵读，这种亲切感不就找到了吗？这种尝试在上课的时候得到了回应，孩子们在手划声调读到同学和自己的名字的时候瞬间找到了中国腔调的感觉。

二、和声改编，体验探索现代合唱创作方式

《龙里格龙》是一首戏歌，确切地说，它是一首戏"合唱"，这也算是作曲家的一个创新吧，把中国的传统戏曲与欧洲的复调和声混搭在一起，在现代中彰显着东方的神秘色彩。我所上课的四(9)班，孩子有着非常丰富的合唱经验，我做了一个大胆的尝试，干脆就把合唱的编配完全交给孩子。在了解了主题句的旋律后，学生便掌握了音乐发展的权利，卡农、向上四度的卡农、上方四度的和声，有变化的和声……一个小小的旋律，引发了诸多的和声方式。有人提出想法，大家立刻合唱实验。"这个不行，一声部太高了，唱不上去！""这个好听，特别和谐！"……边创编、边排练，边评价，边研究，孩子们探索最合适的和声发展方式，沉浸在创作于表达的快乐中。

三、通过传统唱腔的精细聆听体悟音乐的风格

既然是一节与戏曲相关的课程，便一定要体悟音乐原生的状态，也就是对京剧《买水》的欣赏。但这种欣赏安排在什么地方，着实让人为难，在多次的与了解京剧的专业人士探讨后，感觉到最吸引我的是京剧中的"动作过门儿"的感觉，它曲调简单，又极具程式性，陈述手法与《龙里格龙》几乎一样。孩子们精细地听、精细地看，问题与思考环环相扣。唱完听，听完看，看完再唱。"过门儿"在他们的心中烙下了深深的印。

时至今日，与孩子们共同分享的《龙里格龙》还真实可见。孩子们常常会唱起那段合唱，也常常会讲起"过门儿"。我也依然沉浸于当时而在戏里，时而在歌中，从传统到现代，从东方到西方的感觉。我想，从事音乐教育的意义就是如此吧……

专家点评

《龙里格龙》是一首典型的戏歌。戏歌是把中国的戏曲唱腔和群众歌曲、通俗歌曲结合起来的一种艺术形式。这种形式和歌曲一出现，就得到了很多人的喜爱。像《故乡是北京》《唱脸谱》《前门情思大碗茶》《新贵妃醉酒》等就是非常有名的戏歌。

教学的过程中，教师先通过复习已学的《静夜思》《打花巴掌》两首各具特点的歌曲，引导学生对中国音乐的腔调和北京方言儿化音的关注。然后关联到新歌《龙里格龙》，进行听唱、视唱，即兴排练等初步的学习。后面接着精细聆听京剧《买水》中的片段，探讨、理解"过门儿"。在此基础上，唱好、表现好歌曲。最后，师生欣赏合唱《保卫黄河》，感受"龙格龙"这个词汇在现代音乐中的色彩和作用，拓展学生的音乐文化视野。

杨杉老师的教学，各个环节之间联系紧密，逻辑性强，一层层地把教学推向"目标"的实现。教学中的几个方法和手段都能够围绕教学目标进行，很好地促进了教学目标的达成。如在理解了北京儿化音的基础上，让学生尝试带声调读、带腔调创编"龙格里格龙咚，龙格里格龙"；教师演唱"龙里格龙咚，龙格里格龙"，学生听辨音名；学生自主探究、即兴编创《龙里格龙》的二声部合唱；借鉴《买水》(表花)结束时的拖腔，进行渐慢、渐弱的有(音乐)表情地演唱歌曲。

从教学设计中可以看出，杨杉老师的专业能力强，教学内容分析深入，对民族音乐文化理解比较透彻。对作品有深入研究，对与作品有关内容进行了深入研究，把这些研究成果很好地融入了学生的学习之中，拓展了课堂教学内容，拓宽了学生的文化素养，提高了学生多方面的能力。

点评人：刘晓敬（海淀区教师进修学校教研员）

《劳动号子》教学设计

北京市育英学校航天校区　　史艳静

学科：音乐　　学段：第四学段　　年级：七年级　　教材：人民音乐出版社

一、指导思想与理论依据

1. 指导思想

音乐课程各领域的教学只有通过聆听、演唱、探究、综合性艺术表演和音乐编创等多种实践形式才能得以实施。才能获得对音乐的直接经验和丰富的情感体验，为掌握音乐相关知识和技能、领悟音乐内涵、提高音乐素养打下良好的基础。

2. 理论依据

(1)遵循艺术的感知规律，从学生直接体验入手，在亲身参与实践活动过程中，加深了对音乐的体会和理解，从而获得、生成理性认知。

(2)民歌是以口头流传、口传心授的方式存于民间。

二、教学背景分析

(一)教学内容分析

1. 本课教学内容在教材体系中的地位和作用

本课教学内容是第五单元《劳动的歌》的第一课时。《劳动的歌》的内容是中国汉族民歌中的劳动号子，是初中阶段学生第一次接触汉族民歌体裁。学好本课，不仅有利于学生对劳动号子的了解，也为学生今后对其他汉族民歌体裁的学习打下良好基础。

《劳动的歌》中有5首作品，分别是：演唱《军民大生产》，欣赏《杵歌》《船工号子》《哈腰挂》《嗨咚嗨》。在对整个单元梳理之后，我的做法是把《哈腰挂》(简版)，作为第一课时的唱歌内容。原因是：(1)它属于抬木号子，身处我国北方的学生更容易理解这种劳动形式，可以消除第一次接触劳动号子的陌生感，并能够参与表演体验，对音乐特征的理解就会更深刻。(2)简版《哈腰挂》

简单易学，在我校音乐教室有限空间内模仿抬木动作能够施展得开。(3)《哈腰挂》体现劳动号子特征非常鲜明。例如，音乐材料的简单重复，节奏赋予的劳动律动感等等。

2. 具体教学内容分析

《哈腰挂》(简版)共有16小节，徵调式。属于搬运号子中的抬木号子。演唱形式为一领众和，领唱与和唱交替进行。唱词多为实词且多是有实际指令性动作的词，生动形象简单易唱。

(二)学生情况分析

本节课授课班级初一(6)班为普通教学班，有近一半是借读生。他们的音乐基础相对较薄弱。在开学初音乐测试中，能较熟练唱出简谱版《苏珊娜》各音的同学只有4位，较熟练唱出五线谱版《苏珊娜》各音的同学只有7位同学。所以我的做法是，a 降低目标难度，本课《哈腰挂》学唱一个简单的版本，让孩子觉得易掌握，有成就感，才会爱学，爱学体会才深。b 在一节课的不同时间点，不断的巩固已学知识。另外，他们自控能力相对比较弱，爱走神。我的做法是，不断变换教学形式、学习方式，在课堂上通过老师唱、学生唱、情景体验抬木头，用力搬椅子体会和腔发力点等激发学习热情。他们相比也更活泼好动、乐于表现，所以课堂以直接体验为主。他们已经具备一定的分析总结能力，从什么是劳动号子，到其作用、特点，都是学生在亲身体验后自己总结的。不断提高学生的分析总结能力，使学生的认识由感性上升到理性。

三、教学目标

1. 教学目标

(1)情感态度价值观：能对我国民歌中的劳动号子产生兴趣，并在演唱、欣赏等活动中增强对劳动者的尊重。

(2)过程与方法：在聆听、演唱、欣赏、表演中感受、体验劳动号子。

(3)知识与技能：①用有力度的声音演唱《哈腰挂》。②归纳总结什么是劳动号子、作用、特征和分类。③初步了解什么是民歌及分类。

2. 教学重点

演唱《哈腰挂》感受、体验劳动号子及其特征。

3. 教学难点

用结实有力的声音演唱《哈腰挂》中齐唱部分。

四、教学过程

(一)导入

师:同学们比赛过拔河吗?还记得拔河时你这队喊的什么口号吗?

生:……

师:这种用于劳动的口令就是简单的"劳动号子"。

出示:两千多年前的先秦典籍《吕氏春秋》的记载,并解释。

【设计意图】了解古代典籍中对劳动号子的解释,激发文化自豪感。

(二)师生合作表演《哈腰挂》

环节1:我们也来唱一段抬木头的号子,大家想象一下现在地点是在东北的森林里,我们要抬一块非常沉的大木头。

学生练习,跟随教师手势练习齐唱"嘿"。

师唱,学生配合老师唱的号子唱齐唱部分。

【设计意图】口传心授,学生的学唱由简到难,先从简单的一个字的和腔开始。

环节2:出示歌词。师提示,抬沉沉的大木头时"嘿"要怎样唱?

师在演唱中引导学生声音:重的体力劳动,声音是结实、有力的。

指导学生双手使劲抬椅子两侧,腰部发力,体会声音的结实有力。

环节3:看谁棒,能把老师的领唱部分唱会呢?

【设计意图】经过前面师生多遍的"一领众和",在潜移默化口传心授中学会。

环节4:哪四位同学愿意随着大家的号子体验一下抬木头的场景呢?

根据实际情况,尽量让更多的孩子参与体验表演,最后以全班表演展示结束本环节。

【设计意图】面对全体。学生喜欢参与活动,激发其学习兴趣,学生在实践中感受号子的魅力,便于后边总结性认知。

(三)总结号子特点(之一、二、三)

1. 总结号子特点

师:刚才老师的演唱形式是什么?生:……

师:你们怎样唱"嘿"呢?生:……

师:这种演唱形式叫"一领众和",是劳动号子最主要的演唱形式。

师:"一领众和"的演唱形式有什么优势吗?生:……

【设计意图】知其然也要知其所以然，探究主要演唱形式是什么。

2. 出示谱例，全体唱谱子

师：结合前边演唱和体验，参考谱子，作为劳动号子，在音乐上有什么特别之处吗？生：……

师生总结。

(四)总结号子的作用

师：抬木头为什么要唱号子呢？生：……

师生总结。

(五)巩固特点

1. 观看视频《锦上添花》段志高抬木头片段1

师：第一个年轻人唱的号子在什么方面出了问题？你能不能帮他该改一改？(生观看，并回答。)

【设计意图】运用和巩固劳动号子知识，用学到的知识解决问题。

2. 观看视频《锦上添花》段志高抬木头片段2

师：看看年长者是怎样唱的，体现了号子的什么特点？

【设计意图】巩固知识，用学到的知识理解问题。

(六)总结号子特点(之四)

视频中人物唱的歌词，是事先写好的吗？体现了劳动号子歌词的什么特点？生：……

师生总结。

(七)劳动号子分类

观看真实的号子记录片视频，了解劳动号子除了搬运号子还有什么号子。

(八)情感升华

师：真实生活中劳动号子与中央电视台《中国民歌大会》中表演唱作比较，大家说说哪种形式更美。

提升：劳动人民就是最美的！

(九)什么是劳动号子

师：通过这节课，谁来给劳动号子下个定义啊？劳动号子有什么特点呢？生：……

【设计意图】总结并再次巩固特点。

(十)了解民歌

1. 劳动号子和山歌、小调一起构成了中国民族民间音乐的一个重要音乐形式——民歌!

【设计意图】明确知识链条

2. 以选择题的形式完成民歌概念

【设计意图】对民歌有初步了解即可,选择题的方式简单有效。

(十一)作业

A 层:介绍一首劳动号子

B 层:唱一段劳动号子

全班一起演唱《哈腰挂》结束。

五、学习效果评价设计

本课评价方式包括教师评价和学生自评、他评。教师评价贯穿课堂学习的全过程。如:在学生演唱歌曲的和腔、演唱领唱、情景体验、理论总结等活动中,教师均给予教学评价。师评和学生自评、他评通过评价量规完成。

评价内容	评价标准	分值	得分	评价方式
歌唱	能有力度的完整演唱歌曲	50分		师评 自评
听辨	能够听辨自己或其他同学演唱中的不足	10分		自评
理解	知道号子的音乐特征	30分		自评 他评
课堂状态	积极参与听赏及活动	10分		师评 他评
我的分数				

备注:80 及以上优秀 60—80 合格 60 及以下未完成继续努力。

六、教学设计特色说明

1. 本节课始终围绕教学目标,以学生为主体组织教学,处处引导学生体验和探索,引导学生在多项主体体验中积极参与音乐实践活动。

2. 重视音乐实践活动,强调学生在音乐活动中乐于体验劳动号子并学习相关知识。"生歌变熟歌,熟歌学本领",在熟练演唱、情景体验的基础上,进一步拓展相关知识。

3. 强调原生态的民歌演唱。通过"口传心授"的方式教授《哈腰挂》，进一步领略劳动号子的味道。

教学反思

一、目标达成

本节课预先设定的教学目标基本达成，学生能够积极地参与音乐实践活动。本节课授课过程中，教师坚持以学生为主体，积极发挥教师主导作用。以生动的教学感染学生，激起了学生的学习兴趣及热情。引导学生乐于参与聆听、演唱、表演、分析等音乐活动，提高学生的音乐核心素养。学生通过学唱《哈腰挂》，对中国传统民族民间音乐有了进一步的了解，领略到了汉族民歌劳动号子的魅力。《音乐课程标准》中说到，音乐课程各领域的教学只有通过聆听、演唱、探究、综合性艺术表演和音乐编创等多种实践形式才能得以实施。才能获得对音乐的直接经验和丰富的情感体验，为掌握音乐相关知识和技能、领悟音乐内涵、提高音乐素养打下良好的基础，本课就是遵循这一理念进行设计并达成目标的。

二、学生表现

这节课，学生在宽松活跃的课堂气氛以及生动的教学环节中，始终保持着兴奋的状态，积极参与《哈腰挂》的演唱和表演之中，学习兴趣浓厚。在探究劳动号子的特征时发言积极，学生的音乐兴趣得到激发，音乐素养潜移默化地得到积淀。

三、针对学情，对教材内容进行调整

七年级的孩子，音乐基础相对较薄弱，所以我对教材进行调整，选择了简版的《哈要挂》。由于内容简单一些，孩子们学习起来不太费劲，这样能在课堂有限的时间内唱得很熟练，孩子们容易有成就感，有了继续学习下去的欲望。唱熟了又爱学，体会才能更深，为后边号子的音乐特征等梳理打下坚实的基础。正所谓"生歌变熟歌，熟歌学本领"，一切特征等感知归纳，一定是在熟练唱好的基础上才可以谈得到，否则就是空谈。唱熟练还能增强孩子们的自信心，尤其本课是初中阶段汉族民歌的第一课时，上好本课，不仅有利于学生对劳动号子的有进一步了解，也为学生接受民歌，喜欢民歌，为上好以后的民歌

课打下基础。

四、课堂以直接体验为主

本课从听老师唱号子，为号子配唱衬词"嘿"，到跟着老师唱，到边唱边表演抬木头情境，到聆听原生态音频，再到对比欣赏舞台演出等。学生在聆听、演唱、欣赏、表演等多项主体体验中，感受、体验劳动号子的魅力。通过设计这些学生主体参与的活动，大大激发了学生的学习兴趣，调动了学习热情。从老师"领"，学生"和"，到学生"领"学生"和"；从师生表演，到生生表演，从只会唱"嘿"，到唱会全首等，在紧凑有趣的多项环节里，建构乐学气氛，提高了课堂效率。学生总结出号子的特征等的理性认知都是建立在感性体验的基础上，提升了学生赏析音乐作品的能力，并为音乐学习的可持续发展奠定基础。

五、不足之处

反思本课教学，仍存在一些不足之处，比如：劳动号子《哈要挂》中的"嘿"字是有音高的，当有的学生唱不准时，我没有及时纠正这个问题，没有抓住最有效的时机，给予他们有效的帮助。另外，教师语言不够精炼，略有随意。在今后要通过积极录课，多回看自己录课视频，找到不精炼的地方，多加练习多加改正，优化课堂语言，不断增强自身素养。

专家点评

史艳静老师的《劳动号子》设计和教学，体现了《音乐课程标准》中音乐课程的"人文性""审美性""实践性"的三个性质。尤其是设计了多种不同形式的音乐实践活动，即符合了《音乐课程标准》中的"强调音乐实践"的基本理念，在初中教学上也很难得。

总的来看，《劳动号子》的教学设计有这样的一些特点：

1. 教学目标明确，制定合理，符合三个维度的要求

如情感态度价值观目标："能对我国民歌中的劳动号子产生兴趣，并在演唱、欣赏等活动中增强对劳动者的尊重。"这样的内容与"情感态度价值观"维度的内容相吻合，也可以在教学中得以实现。

2. 选择、利用多种教学素材和知识内容

有歌曲《哈腰挂》，有视频《锦上添花》，有"劳动号子"这个体裁，有"一领众和"的演唱形式，还涉及《吕氏春秋》、中央电视台的《中国民歌大会》等。

3. 设计了与教学内容、作品特点相一致的教学情境

下面的几个例子可以体现这方面的优点：

导入部分的"同学们比赛过拔河吗？还记得拔河时你这队喊的什么口号吗？"

师生合作表演《哈腰挂》部分：(1)"我们也来唱一段抬木头的号子，地点是在东北的森林里，我们要抬非常沉的大木头。"(2)指导学生双手使劲抬椅子两侧，腰部发力，体会声音的结实有力。

后面部分的观看视频《锦上添花》抬木头片段。

4. 丰富、多样、有效的实践活动

在教学中，教师与学生做了这样的一些活动：聆听、演唱；学生练习跟随教师手势齐唱"嘿"；同学随着号子表演抬木头；学生双手使劲抬椅子两侧；体验"一领众和"的演唱形式；观看《锦上添花》抬木头视频片段等。

5. 充分调动了学生的学习积极性

运用教师的语言，情境的设置，活动的参与，民族风情、音乐文化的逐步深入，吸引学生的学习兴趣，调动学生的学习积极性。

6. 以"劳动号子"作为一个点，促进了学生对"劳动号子"这种民歌体裁的学习和理解，丰富学生的民族音乐文化，激发对传统文化的兴趣。

点评人：刘晓敬（海淀区教师进修学校教研员）

科学

《电能与太阳》教学设计

北京教育学院附属海淀实验小学 石新妹

学科：科学   学段：第三学段   年级：六年级   教材：教育科学出版社

一、指导思想与理论依据

1. 学生是学习的主体，科学探究是学科教学的主要方式。

2. 能够判断证据，并且根据这些证据得出结论是 PISA2015 最新分析要点。

3. 培养自主学习能力是课程改革的首要目标——《基础教育课程纲要》。

二、教学背景分析

（一）教材分析

《能量与太阳》属于物质世界科学领域能与能量主题单元中内容，通过学习，认识能量的来源以及地球所有的能量都直接或间接来自于太阳；

学生是在学习声、光、电、热、磁等现象知识基础上，重点在六年级能量单元1—7课认识能量有多种形式，能相互转化的知识。

本单元第一部分1—5课，认识电流能够产生磁性，制作电磁铁并研究电磁铁的磁极和磁力大小，研究玩具小电动机是怎样转动起来的，感受电能转化成动能的奇妙。

第二部分6—7课，通过寻找电的用途，研究电的来源，认识电能和其他能量形式及其相互间的转化。

第三部分第8课，探究煤、石油、天然气能源矿产与太阳能之间的关系，认识我们使用的能量几乎都源于太阳能的转化与储存。

（二）学生分析

第一，单元预习中提出的研究问题。

1. 煤的前身是植物，但为什么煤长得一点也不像植物？

2. 太阳能板是怎样把光能转化成电能的？

3. 能量和太阳又有怎样的关系？太阳与能量之间有什么关系？

第二，从前测中发现学生的所知与未知（在73名六年级学生中进行前测的发现）。

项目	具体内容			
测试内容	1. 你见过煤吗？能描述一下它的特点、用途、使用优缺点吗？对它还有哪些了解？	2. 煤、石油、天然气是什么状态的？	3. 你知道什么是新能源吗？	4. 你知道石油、天然气是怎么形成的吗？能猜想一下吗？如果不知道，你想用什么方法找到答案？
学生答案	◎对煤的认识：蜂窝煤30% 块状黑色的100%	固态	◎听说过这个词，知道新能源汽车10%	◎不知道100%
	◎燃烧取暖烧水做饭100%	液态	◎学生不知道具体什么意思？80%	◎上网70%
	◎污染空气60% 煤气中毒20% 产生浓烟10% 不可再生10%	气态	◎猜想：无污染的能源10%	◎查阅图书20%
	◎没有了			◎问师长10%

第三，总结以往课堂教学发现，科学记录是体现教学目标是否落地的测评方法之一。调查中发现学生喜欢动手实践，对于查找资料制作PPT汇报的学习任务：(1)取决于自己的兴趣(占80%)；(2)不是自己一定要完成，就不会主动完成(占20%)。

第四，生活中学生90%使有手机，10%会使用平板电脑。

(三)教学策略

单元预习中学生想研究的问题及策略

1. 煤的前身是植物，但为什么煤长得一点也不像植物？

策略：不同方式查找资料在大白纸学习单上呈现，不仅了解煤的形成，同时了解石油、天然气的形成、作用、优缺点等信息。

2. 太阳能板是怎样把光转化成电的？

策略：观察科技制作、太阳能喷泉图片来理解。

3. 能量和太阳又有怎样的关系？太阳与能量之间有什么关系？

策略：在学习煤、石油、天然气知识的基础上，观察分析图片进一步理解能量间转化间接或直接来源于太阳。

三、教学目标

1. 科学概念

(1)阅读资料分析煤、石油、天然气所具有的能量是储存了亿万年的太阳能，不可再生。(2)研讨节约能源的方法，交流新能源的信息。

2. 科学实践

说明煤、石油、天然气所具有的能量是储存了亿万年的太阳能。举例说出能量和我们的生活关系密切，人类已开发出了一些新的能源。

3. 科学态度

认识到有些能源不可再生，能够用实际行动节约能源。

4. 教学重点

资料分析，认识煤、天然气、石油的形成过程。

5. 教学难点

逐步理解能量与太阳的关系。

四、教学流程图

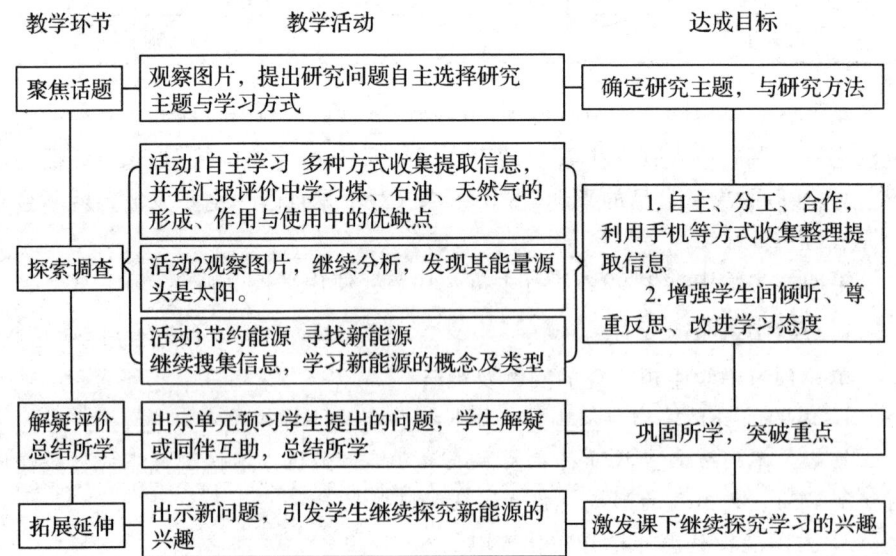

《电能与太阳》教学设计

五、教学过程

(一)聚焦话题

1. 出示图片,引发学生思考:煤、天然气、石油、是我们生活中离不开的燃料能源。

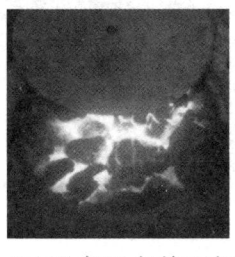  

(1)观察思考前两幅图提问:取暖、烧水做饭离不开谁的帮助?(煤天然气或煤气)

(2)出示图三汽车也要吃饭是(汽油)你知道汽油来自哪里与谁有关吗?(石油)那么煤气与谁有关,为什么?(煤气与煤有关,因为经常听说烧煤要预防煤气中毒)

(3)板书:煤、天然气、石油

2. 追问:煤、天然气、石油与我们生活密切相关,那么现在你们最想知道什么?(形成、作用、使用中的优缺点)

(二)探索调查,处理信息

1. 讨论1分钟,各组确定一个主题来研究三个方面的问题,思考想通过什么方式找到答案,如何分工?请大家把获得的信息进行整理,用白板笔书写、绘画到大白纸上,10分钟后分主题汇报并评价各组所学情况。

2. 汇报各组选题情况

(1)1分钟后,统计各组选择研究主题情况。

(2)观察矿石标本盒中煤和石油的样本,加深学生对来那个中物质的感性认识。

(3)学习资源与方式:手机、iPad上网学习、看教科书、看课外图书学习。

(4)提示:在学习单上标注:主题、组别、学习方式,再将学习结果用白板笔书写、绘画到大白纸上。出示评价表,了解评价内容和方式。

3. 分组开始采用不同方式搜集资料，整理信息，进行研究。（教师巡视）

4. 分三个主题针对具体三个研究问题依次进行不重复、补充说明的汇报。

【设计意图】引导学生在自主学习过程中，依据问题搜集证据，并在总结汇报中得出相应的结论。

5. 同时分组根据评价表内容进行评价。

【设计意图】学生依据评价单的不同标准，进行组间问题信息搜集整理与汇报效果的评价，促进学生信息能力的增长。

6. 出示图片，分析得出能量和太阳的关系。

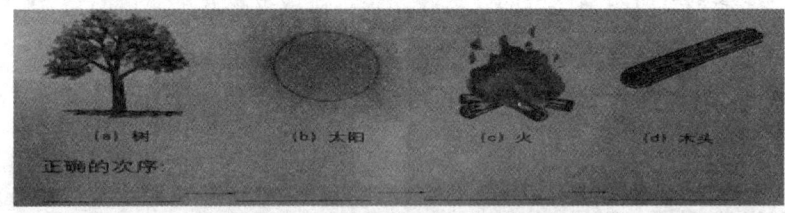

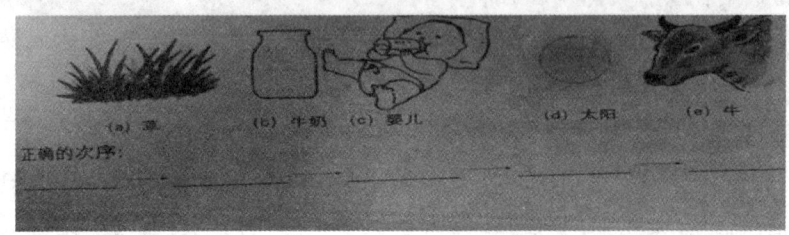

经分析得出：(1)煤、石油、天然气是储存在地下亿万年的太阳能；(2)太阳是能量转化的源头；(3)万物生长离不开太阳。

板书课题：能量与太阳

7. 总结：能源会枯竭，会被开采完。这说明什么？你想到了什么？

（煤、石油、天然气是不可再生能源，要节约，要想办法寻找环保、可再生能源……）

8. 出示"新能源"这个词，提问：你知道什么是新能源吗？它包括哪些类型呢？

(1)各组继续采用本组想选用的方式进行信息搜集找寻答案。写在学习单上。

(2)汇报：互相补充说出自己组对新能源概念的理解和类型。

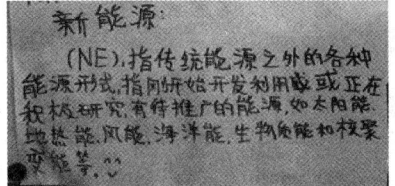 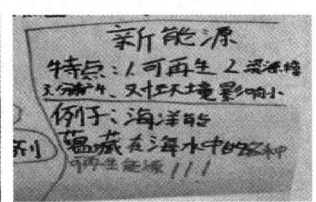

总结：
(1)新能源的特点：环保、可再生
(2)新能源是非常规能源，用 NE 表示。
(3)新能源包括：风能、水能、潮汐能、地热能、核能等能源。

【设计意图】汇报、总结、分析表达。

(三)解疑、总结评价

学生问题反馈：1.煤的前身是植物，为什么煤上没有植物？2.太阳和能量有什么关系？

【设计意图】学生根据所学，解决课前提出的疑问。自答或伙伴互助。

(四)拓展延伸

通过这节课的学习，你现在想与大家交流的是什么？具体各类新能源特点是什么呢？大家课下继续按照你的兴趣点继续学习吧。

板书设计：

能量和太阳

煤天然气石油

形成：

作用：

优缺点：风能、太阳能……

传统能源新能源

不可再生可再生非常规能源 NE

六、学习效果评价设计

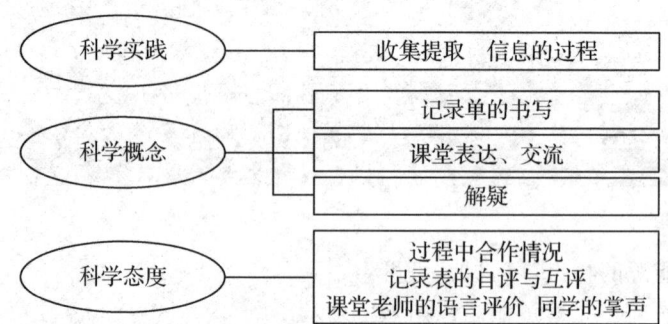

学习单评价表

评价内容	达成度	评价等级	自评
收集信息 处理信息	信息全面准确	☆☆☆	
	信息全或准确	☆☆	
	信息不全或不准确	☆	
语言简练 表达流畅	语言简练表达流畅	☆☆☆	
	语言简练或表达流畅	☆☆	
	语言不简练表达不够流畅	☆	
学习单	字迹工整 运用图表	☆☆☆	
	字迹工整 或 运用图表	☆☆	
	字迹不工整	☆	

同伴互评表

一组	二组	三组	四组	五组	六组	七组	八组
1.	1.	1.	1.	1.	1	1	1
2.	2.	2.	2.	2.	2	2	2
3.	3.	3.	3.	3.	3	3	3

七、教学设计特色说明

1. 教学关注点

(1)提供多种资源引发学生多种方式找寻答案分组搜集信息汇报总结所学。

(2)对汇报所学进行评价。

(3)分组、独立完成各自研究主题，提高学生参与度，共享翻倍合作学习成果。

(4)学习单的呈现，对信息精细加工，有利用学生对信息的理解和记忆。

2. 教学特色

(1)针对学生想研究问题，结合自己的教学思路。

(2)增加自主学习方式、内容及展示方式，培养学生自主学习能力及探究兴趣。

(3)学生自己解疑既是对学生学习情况的评价，也是和课前所疑相呼应。

教学反思：基于学生问题，设计适合学生发展的教学活动

学生是学习的主体，科学探究是学科教学的主要方式。如何结构课堂教学环节，更好地发挥学生的主体性，培养学生信息搜集整理与自主学习力呢？在参加海淀区"骨干教师风采杯"大赛，执教《能量与太阳》一课时，我以"基于学生问题，设计适合学生发展的教学活动"为主题进行了课堂教学研究。课后静心思考反思如下：

1. 客观分析教学内容是基础

《能量与太阳》一课，是教科版小学科学六年级上册第三单元《能量》中的最后一课，是学生基于对电与磁关系及电磁铁制作、性质研究，知晓能量来源的基础上来学习本课的，是一节科学知识阅读课。

2. 教学理论的学习与选择是教学设计构思的前提

课前再次学习课标，研读与教学内容相关的其他教学内容。学习教学理论认识到，《基础教育课程纲要》一书早就明确提出培养自主学习能力是课程改革的首要目标；能够判断证据，并且根据这些证据得出结论是PISA2015最新分析要点；分析综合、抽象概括、推理论证是可以培养学生科学精神，内化科学思维的方法。对于科学阅读课，通过资料阅读等学习过程，提高其分析归纳，推理能力就显得尤为重要了。

3. 依生所需，根据学生提出的问题，结构课堂，助力学生发展

课前，我仔细阅读并梳理了学生在单元预习阅读10分钟后提出的自己想要研究和想知道的问题。依据这些问题的比例和教学内容，从学生的前概念出发，进行了课堂结构的架构。

并在教学的最后一个环节，出示学生课前的问题，进行自己解惑与同伴互助答疑。既回应了学生的问题，又进行了教学内容的反馈。

4. 多样的自主学习方式帮助学生提高处理信息资料的能力。

本课教学时，依据科学阅读课的特点，为学生提供了多种查找资料的学习方式：首先是六年级学生生活中经常使用的手机和iPad电子产品，其次，为学生提供了矿石标本及与能量有关的多本科学读物。

接着，情境导入聚焦研究话题，分组进行主题自主选择与学习方式的选择，并用90cm×120cm的大白纸作为放大的学习单把汇总的资料信息进行呈现。之后张贴学习单，方便学生学习汇报与互助评价。

从课堂上看，学生喜欢这种方式，全员行动，乐在其中。

5. 有的放矢细化的评价方式促进学生科学知识学习与科学态度的形成。

在课后访谈学生中孩子们对大学单学习方式这样谈到：

(1)每个组都介绍自己所学，给了大家公平的发言机会；

(2)评价内容清晰，都想得到最好，但发言时不能重复，这使得他们必须集中精力倾听别人的发言，同时快速再次提炼自己组信息的特点，组织语言说出自己组的不同。

(3)学习单都张贴出来，这种学习方式便于大家一目了然了解所有组学习情况。

6. 今后努力的方向

这次的教学内容丰富，学生学习积极性非常高，资料学习整理、展示、汇报信息量大、互相评价，大家都很积极，但时间有限，所以时间分配还需要在考虑，教学技术的现代化也可以在尝试。

课讲完了，比赛结束了，非常感谢学校及学区领导、老师对我们这些选手在比赛前后的帮助。想想，还是蛮享受这个过程的，有压力同样也是动力，才使得自己静下来学习理论，看课标，研究不同版本的教学内容与相关资料。总之，从学生那里，从多角度搜寻备课资料中，我找到了继续前行的动力，今后我将针对不同课型继续依据评价内容，进行学生喜欢方式的教学活动设计以及实效性研究。为学生的成长，加油前行其中。

专家点评

《能量与太阳》一课中,教师在对课程标准、教材、学生学情等分析的基础上,将这节课的核心定位于如何通过科学阅读和科学记录的系统梳理、展示,形成学生的核心概念。在这节课中,教师利用几点教学策略来帮助完成这一核心目标。首先,在单元预习中由学生提出感兴趣的科学问题,教师筛选出与这节课相关的科学问题,在此基础上,充分暴露学生对这些问题的前概念。在准确了解学生的研究诉求和学生的障碍点的基础上来结构课堂;其次,提供多样化的信息获得手段手机、iPad产品、矿石标本及与能量有关的多本科学读物。让学生自主选择主题和学习方式。围绕自己选择的主题选择对应的信息获得方式,查找相关内容,进行内容的梳理。再次,以90cm×120cm的大白纸作为放大的学习单的形式进行展示,学生需要将收集的信息进行梳理,而这个梳理的过程其实就是学生对信息进行加工、处理、辨别进而形成认识的过程。不仅如此,大记录单的形式,使每个小组都可以一目了然了解所有组学习情况。最后,教师用小组评价单的方式监测学生的完成过程,照顾到每个小组的学习情况。

在此基础上,笔者认为可以在教学设计中更加凸显《能量与太阳》这一课时对"能量"主题单元重要作用,其作为能量单元的收尾课,在认识上能帮助学生进一步认识"能量的储存"和"能量的转化"。煤、石油、天然气等燃料都储存着能量,在对这些燃料能量来源的追问中,发现能量都来自于太阳能,进一步体会其中包含着各种形式能量的转化与传递。

点评人:郭晓丽(海淀区教师进修学校教研员)

美术

《早餐》教学设计

北京市海淀区玉泉小学 周雪清

学科：美术　　学段：第一学段　　年级：一年级　　教材：人民美术出版社

一、指导思想与理论依据

（一）指导思想

《课标》中指出美术教学应注重关注学生的文化与生活，使学生能在积极的情感体验中发展各方面能力。本课属于"设计应用"学习领域，根据低年级学生特点，本课的指导思想定位为力争以学生的观察体验为基础，感受丰富多彩的饮食文化，指导学生尝试运用多种媒材，通过画、撕、剪、卷、粘等方法进行早餐的设计，使学生在轻松、愉悦的氛围中体验设计和制作活动的乐趣，发展学生的创新意识和创造能力。

（二）理论依据

建构理论认为，从认识到知识必须由主体自我建构。因此，课堂中为学生创设学习情境，促进学生主动参与，主动思考，通过学生合作学习自主探究建构新知，从而达到本课教学目标。

二、教学背景分析

（一）教材分析

本课共两个版面，分为两部分内容。第一部分展示了丰富多彩的早餐食品图片，旨在引导学生观察形状各异，绚丽多彩的饮食文化。同时也让学生感悟到营养早餐不仅好吃还要好看，不仅要关注食物种类，还要关注早餐的造型、色彩和营养搭配。第二部分探究制作方法，展示了学生作品中荷包蛋和烤肉的制作步骤，旨在指导学生研究早餐作品的制作方法。本课与下一课"综合·探索"领域的课程《特色小吃》同属一个题材的内容，因此本课设计要贴近生活，凸显学习领域的知识性，美术的人文性，与后面的课程有所区别。

(二)学情分析

低年级学生喜欢用各种媒材表现自己生活中的事物,但制作技法欠缺,作品缺乏美感,我们的教学就是要指导学生围绕一定的目的和用途进行设计和制作,逐步提高学生的设计意识和动手能力,同时还要引导学生正确安全的使用工具和材料。

(三)教法学法

我运用了谈话法、练习法等教学方法来帮助学生感受丰富多彩的饮食文化,明确吃早餐有益健康,还要搭配合理。学生运用自主探究的方法分析思考如何让早餐既有营养又好看。教师运用多媒体课件、分析实物教具,演示制作过程等方法解决教学难点。

三、教学目标

(一)教学目标

1. 知识与技能:初步了解不同民族、地域有丰富多彩的饮食文化,学习利用多种媒材,通过剪、撕、画、粘等方法设计制作早餐。
2. 过程与方法:学生通过欣赏分析图片,调动各种感官,培养设计意识发展学生的语言表达能力和创造力。
3. 情感、态度、价值观:通过灵活多变的教学方法,激发学生的学习兴趣,体验设计制作的乐趣。

(二)教学重难点

1. 重点:了解不同民族、地域有丰富的饮食文化,要合理搭配膳食,珍爱健康。学习利用纸材设计制作"早餐"的方法。
2. 难点:巧妙运用剪折画粘等方法,设计制作形象美观,营养搭配合理的"早餐"。

四、教学过程

教学环节	教师活动	学生活动	教学意图
导入新课	1. 视频引入 教师总结:影片中展现的是具有中国传统特色的早餐,不同的地域有不同特色的早餐。让我们一起来欣赏吧!	观看视频 学生了解感受多元的饮食文化 互相交流	激发兴趣引入新课。

续表

教学环节	教师活动	学生活动	教学意图
导入新课	2. 谈话交流 这些绚丽多彩造型美观令人赏心悦目的早餐带给我们生活的愉悦和不一样的快乐与享受。提问：谁能说说你早餐吃的什么？ 教师总结：优质、充足的营养早餐，能为我们提供充足的能量，使我们有充沛的精力迎接一天的学习，所以吃好早餐对于我们非常重要。 出示课题：早餐		
讲授新课	我也为你们准备了一些早餐，看！ 教师提问：你想选择哪一份？为什么？ 看看这些食品都是什么形状的？		培养学生的观察能力。解决教学重点。
观察分析	小组合作讨论解决早餐的营养、搭配 早餐的品种非常丰富，我们怎样才能吃得好，请你小组讨论之后搭配出一份即有营养又好看的早餐。	通过观察课件图片，引导学生分析食品的色彩和形状	学习合理搭配膳食，培养学生的观察、分析的能力。
小组拼摆	你会选择哪一组搭配的早餐，为什么？（品种丰富，主副食搭配合理，色彩造型搭配美观）	小组合作，完成一份早餐的选择和搭配	解决教学难点——用身边的纸材通过不同的方法，制作出"营养早餐"

续表

教学环节	教师活动	学生活动	教学意图
对比欣赏	我这里有一份用彩纸制作的早餐，你们帮我看看还缺什么？ 根据学生的回答教师演示一种主食的制作过程，同时演示由一种方法变化出多种的技巧，教师制作完成后再提问学生：知道其他食物是用什么方法制作的？ 巧妙运用身边材料制作形象美观的早餐用这些方法还能制作哪些早餐？	学生根据自己的喜好说一说，并了解早餐的选择既要有营养又要美观。	培养学生的分析能力，学习如何吸收他人作品中的营养。培养学生的创造力。
教师示范欣赏学生作品	欣赏书中学生作品，吸收别人作品中的营养，丰富自己作品中早餐的种类，为后面的艺术实践活动做好充分的形象储备。 下面让我们看看书中同学们用了什么方法来制作早餐的？（对比分析制作好的作品）	学生观看教师示范，领悟怎样用彩纸制作食品并开阔思路。学会举一反三。 学生观察分析，学习更多的制作方法。 学生说一说。 学生欣赏并分析教材中的学生作品都制作了哪些食品他们是怎样制作的。 看书中步骤图，了解制作方法。	
艺术实践	实践要求：利用彩纸及其他材料，做一份"营养早餐"，介绍给同学。 注意：安全使用剪刀。 教师辅导： 怎样做到早餐既好看又有营养，根据自己的想象制作食品。	学生实践	培养学生的想象力和创造力，及审美能力。

续表

教学环节	教师活动	学生活动	教学意图
展示评价	对自己作品的评价：介绍自己的作品，我觉得哪里制作的最满意，哪里的设计最独特。对他人作品的评价：最喜欢同学作品的什么地方，哪里搭配的最好。	学生进行自评和有针对性的他评。	培养学生的分析能力与语言表达能力，以及养成聆听的好习惯。
拓展延伸	出示组合起来的搭配好的营养早餐图片。		通过欣赏学生拓宽视野，达到美术学习对孩子情感教育的目的。

五、学习效果评价设计

1. 教学过程中学生对自己的课堂表现不断自评，从而达到自律与自我提升的目的。

2. 完成作业后根据教学目标，进行互相评价和教师点评。评价要点如下：（1）了解早餐食品的颜色和形状，早餐搭配能做到既有营养又好看。（2）能用剪、卷、粘等方法制作不同的营养早餐。

六、教学设计特色说明

本课依据一年级学生年龄特点，从学生实际出发安排视频、图片，调动起学生各种感官唤起学生的味觉体验。再通过对比分析图片，让学生明确一份营养早餐既要形象美观又要色彩艳丽，才能引发人的食欲。这样做可以保持学生的学习热情，学生在不知不觉中体验造型乐趣，提高设计制作能力。教师演示巧妙，制作过程层层深入，照顾到不同层次的学生，力争每个学生都可以根据自己的生活经验设计制作出一份营养早餐。最后课后拓展，让学生通过欣赏图片体会每一份早餐背后都饱含着父母们对我们的爱，教会学生学会感恩。从而达到美术学科潜移默化对学生进行思想教育的目的。

教学反思

  《早餐》这节课属于"设计应用"学习领域，课标中指出美术教学应注重关注学生的文化与生活，使学生能在积极的情感体验中发展各方面能力。根据低年级学生特点，我把本课的指导思想定位为力争以学生的观察体验为基础，感受丰富多彩的饮食文化，指导学生尝试运用多种媒材，通过画、撕、剪、卷、粘等方法进行早餐的设计，使学生在轻松、愉悦的氛围中体验设计和制作活动的乐趣，发展学生的创新意识和创造能力。重点要带领学生在了解不同民族、地域有丰富的饮食文化，合理搭配膳食，珍爱健康的基础上，学习利用纸材设计制作"早餐"的方法，培养学生的设计思路和制作技巧。怎样才能让一年级学生喜欢上这堂课并制作出更多更好的作品呢？我在这节课展开了尝试。

  一、视频引入，拉近生活

  建构理论认为，从认识到知识必须由主体自我建构。因此课堂中为学生创设学习情境，促进学生主动参与，主动思考，通过学生合作学习自主探究建构新知，从而达到本课教学目标。在此理论思想指导下，我在设计本课的引入环节时，在设计这节课时，为了让早餐这一大家司空见惯的主题能够激起学生的兴趣，调动起学生各种感官唤起学生的味觉体验，我选取了《舌尖上的中国》里的一段视频和音乐，搭配精心选择的各式早餐图片进行课堂引入，伴随着音乐孩子们兴趣盎然的欣赏着各式早餐图片，感受着多元的饮食文化。这一环节的安排在带给孩子们美的享受的同时勾起他们的食欲，从而唤起学生的生活体验，自然的把学生带入本课的学习情境中，激发起学生学习新知的愿望。

  二、观察探究，学习新知

  依据美术学科核心素养中图像识别素养的理论，教师在分析早餐的品种、颜色和形状时，通过对比分析图片的方法，进行整体观察、感受图像的色彩造型、材料、肌理和空间等形式特征，让学生明确一份营养早餐既要形象美观又要色彩艳丽，才能引发人的食欲。这样做可以保持学生的学习热情，学生在不知不觉中体验造型乐趣，提高设计制作能力。在这里学生们学习的积极性很高，纷纷发表自己的看法分享自己的发现。在分析颜色时，教师用颜色卡通过色彩联想调动学生视觉、味觉、嗅觉等各种感官，帮助学生体验食品缤纷的色彩带给人的愉悦感受，为后面的学习创作做打下基础。

三、教师演示，解决难点

一年级学生的知识水平和制作能力还不高，教师的演示尤为重要。因此在这一环节中，教师先照顾到大多数的孩子，让他们每个人都能够学习一种简单的方法，能够用彩纸制作出一种早餐，打消他们的畏难情绪。再在此基础上演示变换的设计思路和制作方法。教师的演示巧妙，制作过程层层深入，学生的设计思维得到了拓展。照顾到了不同层次的学生，力争每个学生都可以根据自己的生活经验设计制作出一份营养早餐。这里教师演示由一种方法变化出多种的技巧，可以开阔学生的创作思路，解决学生创作时的难点，打消学生创作时的顾虑。教师制作完成后带领学生回忆刚才的制作方法并板书，巩固所学知识。通过这一环节的学习，学生的设计制作能力得到了提升。

四、课后拓展，情感提升

最后的课后拓展，这个环节不仅可以拓宽学生视野，更能达到美术学习对学生情感教育的目的。学生欣赏着搭配好的营养早餐图片，当再次响起《舌尖上的中国》的音乐时，看着一盘盘丰富精美的早餐，学生们体会着每一份早餐背后饱含着父母们对他们的爱，从而教会学生学会感恩。达到美术学科潜移默化对学生进行思想教育的目的。

反思这堂课，当学生的回答与教师的预想有出入时，换一种思路去想问题，用学生的感知纠正他们的错误，可能会收获意想不到的效果。我在这堂课中及时关注教学中的生成，可能更能拉近教学内容与学生的关系。总感觉每次教学过后，都会留有遗憾。有这样一句话：教学是一门遗憾的艺术。但正是这种"遗憾"会不断地催人改进，不断完善，希望自己能在"遗憾"中不断前进。

专家点评

中国的教育已经进入核心素养的时代，美术学科的核心素养主要体现在：图像识读、美术表现、审美判断、创意实践和文化理解这五个方面，而这五个方面，涉及学生美术学习的方方面面。

《美术课程标准》中谈到"美术课程凸显视觉性。学生在美术学习中积累视觉、触觉和其他感官的经验，发展感知能力、形象思维能力、表达和交流能力。美术课程具有实践性。学生在美术学习中运用传统媒介或新媒体创造作品，发展想象能力、实践能力和创造能力"。

《早餐》一课属于"设计·应用"学习领域，体现了学生的创意实践能力，同时，由于需要接触与了解不同地域、风格的饮食文化，所以同时也考查了教师在文化理解方面对学生认知的培养。既关注了美术学习的"视觉性"，又具有鲜活、生动的"实践性"。

首先，教师通过对生活的回忆引入教学，通过一组饶有趣味的流动性的示范，引导学生掌握基本制作技法、同时能举一反三地借助基础视觉形象拓展思维。这正体现了课标中倡导的引导学生了解"设计与工艺的基本程序，学会设计创意与工艺制作的基本方法，逐步形成关注身边事物、善于发现问题和解决问题的智慧。"

值得肯定的是老师对于思维的引领，以及对于材料的大胆选择，引导学生感受各种材料的特性，根据意图选择媒材，合理使用工具和制作方法，进行初步的设计和制作活动，体验设计、制作的过程，发展创新意识和创造能力。

教师的教具准备非常充分，可以看出教师是一个非常善于收集材料的有心人。很多材料的搜集并不是一蹴而就的，积累是对生活的品味与发现，这需要教师有一双会发现美的眼睛和积累素材的习惯。这些为学生们精心准备的媒材为本课起到了积极的推动作用。

同时，教师根据学生的发言，边总结边在黑板上总结出造型要素。教师的展示成为了一种载体，也是一种动态的示范，用这种形式对学生的发言进行了完美的诠释。也让学生感受到：创造，原是这样轻松又有趣味的事情。几个环节循序渐进，通过引导学生观察、总结归纳方法、教师提炼示范。环节的清晰、流畅使学生的每一步学习目的明确，分解了教学难度，使学生的学习变得轻松愉悦。

点评人：李雪梅（海淀区教师进修学校教研员）

化学

《金属的化学性质》教学设计

首都师范大学附属中学第一分校　江宏杰

学科：化学　　学段：第四学段　　年级：九年级　　教材：人教版

一、指导思想与理论依据

在新课程背景下教师越来越关注学生化学核心素养的培养，但在教学实践层面如何养成学科核心素养还存在很多探索的空间，最为关键的问题就是教师要对学生知识形成与化学核心素养建构等方面要有整体考虑，要分析和挖掘具体知识所蕴含的学科核心素养，并以学科核心素养为统领来设计和组织相应的教学活动，让具体知识的学习服务于学生化学核心素养的形成和发展。明确教学的核心所在，为教学指引方向。所谓化学核心素养，不是具体的化学知识，也不是化学知识的简单组合，它是学生通过化学学习在头脑中留存的，在考察它周围的化学问题时所具有的基本的观念性的东西，如认识角度、认识方法、认识思路。也可以认为是学生获得的对化学的总观性的认识。《金属的化学性质》这一课题能很好的挖掘具体知识所蕴含的化学核心素养：1. 证据推理与模型认知。基于已有的知识和实验事实对未知的反应提出合理假设，初步学会收集各种证据，基于证据进行分析推理证实或证伪形成科学结论。应用结论对一类物质差异性设计实验进行探究，建立一类物质差异性研究模型。利用该模型分析实际问题的解决途径，从而形成一类实际问题的解决模型。2. 实验探究和创新意识。能依据探究目的设计并优化实验方案，确定形成科学结论所需要的证据和寻找证据的途径，能观察记录实验信息并进行加工，能和同伴交流探究成果，提出进一步解决与环境保护及资源利用相关实际问题的设想，具有可持续发展意识和绿色化学观念，具有独立思考、敢于质疑和批判的创新精神，积极参与有关化学问题的社会决策。

二、教学背景分析

（一）教学内容分析

《金属的化学性质》是人教版九年级化学第八单元《金属和金属材料》课题2内

容，本节内容涵盖《课程标准》两个一级主题：身边的化学物质和物质的化学变化；及其对应的两个二级主题：金属与金属矿物和认识几种化学反应。横向来看，是学生已经经历了对身边化学物质认识的两个阶段：识别具体物质(氧气、水、二氧化碳)阶段和具体物质研究阶段，从金属开始进入类别物质的研究阶段，领悟类别物质研究的一般范式，关注同类物质的相似性和差异性，体会基于类别研究物质的巨大价值；陌生同类物质性质的可预测，为酸碱盐的学习奠定基础；纵向来看，为学生从类别物质的研究范式和学习物质性质主要运用的两种推测方法(基于事实的概况总结和物质的组成与结构推理分析)将来深度学习必修1《金属及其化合物》作了良好的铺垫。同时利用金属的化学性质解决工业生产实际的环境保护与资源利用问题，凸显化学学科的社会价值。

(二)学生情况分析

1. 学生已有的知识、技能

(1)通过氧气、水、二氧化碳等具体物质的研究，了解单一物质的认识角度、思路、方法，初步学会从数据、信息、现象入手推断、验证物质的性质在此基础上了解正确选择物质解决生产生活中问题。

(2)具备简单的实验操作和初步的探究能力，解释证据与结论之间的关系。

2. 学生存在的障碍点

(1)通过前测发现，学生具体知识掌握普遍较好，但有接近一半的学生(12/30)不能结合已有的类别物质性质和既有的实验事实，对金属与盐溶液若能发生反应，满足的物质化学性质条件作出合理预测。对教学内容的逻辑关联不能形成序列化的认识。

(2)认识金属有关化学性质后，但在解决实际问题时难以建立二者间的联系，不知道如何利用类别物质性质相似性和差异性结合"变化观"来实现物质的提纯，有序思维的建立存在一定难度。

三、教学目标

1. 认识金属与盐溶液的反应。

2. 能用金属活动性顺序对有关置换反应进行判断，并能解释生活中的相关化学现象。

3. 通过实验经历金属活动性顺序模型的形成过程，体会得科学结论所需证据和寻找证据途径，初步形成类别物质的研究范式。

4. 经历运用模型分析废弃盐溶液金属回收流程，学会一类问题的解决方法。

教学重点：金属活动性顺序模型的形成过程，类别物质的研究范式。

教学难点：运用模型分析废弃盐溶液金属回收流程。

四、教学流程图

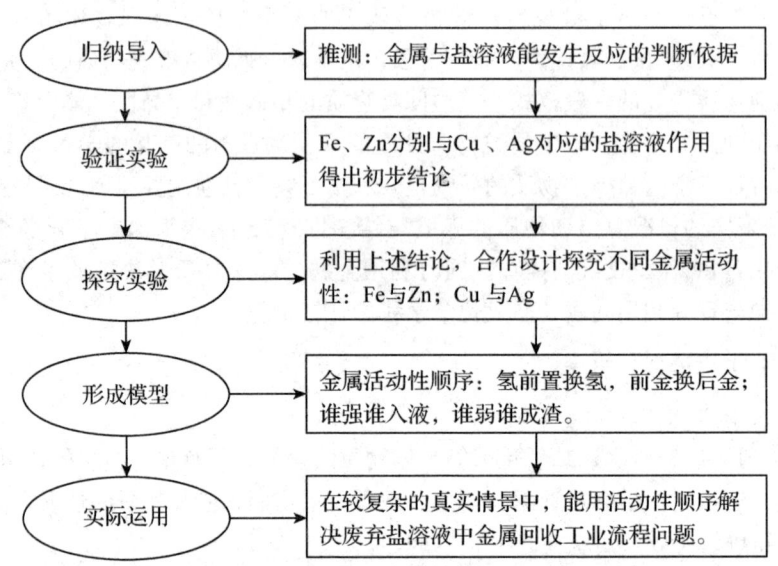

五、教学过程

环节	教师行为	学生行为	教学资源	设计意图
归纳引入环节一：金属能与盐溶液发生反应的判断依据	【归纳引入】 1. 复习金属与酸反应：Mg、Fe、Zn能与酸反应，而Cu、Ag则不能（相似性与差异性），活动性初步分为两大类，引导学生结合铁与硫酸铜溶液反应事实，对金属能与盐溶液发生反应的判断依据作出合理推测（猜想）。 2. 引导学生就提供的药品设计实验验证上述猜想。	思考、提出猜想：活动性强的金属能把活动性弱的金属从其对应的盐溶液中置换出来。 小组合作设计验证性实验并操作：Fe、Zn分别与Cu、Ag对应的盐溶液作用或反之（正反相互验证）	手机控制投屏技术，实时拍照、录视频把学生成果上传分享PPT 分组实验、学案	培养学生基于已有的类别物质性质和既有的实验事实，体会两者间内在逻辑关联，提出合理猜想能力。 培养学生证据推理的素养：确立形成科学结论所需要的证据和寻找证据的途径。

续表

环节	教师行为	学生行为	教学资源	设计意图
	3. 利用结论：用金属与盐溶液能否反应来判断：金属活动性强弱	记录现象、搜集证据、得出结论，结论推广。		
环节二：形成金属活动性顺序	【过渡】既然金属与盐溶液能否反应可以来判断金属活动性强弱，我们就可以用这种方法通过实验，比较两种未知金属的活动性强弱，发现金属化学性质在相似性基础上，同时表现出的差异性。 【模型认知】以此类推，我们可以对一些金属活动性强弱排序。 得出金属活动性顺序表： 氢前置换氢，前金换后金； 谁强谁入液，谁弱谁成渣。	小组合作设计探究性实验方案： 1. 比较 Fe、Zn 的活动性强弱。 2. 比较 Cu、Ag 的活动性强弱。 类比得出其他金属的活动性强弱顺序。	分组实验、学案	注重学生知识形成过程，经历：基于已有知识和事实进行合理推测—猜想—实验验证—科学结论—应用结论设计探究实验—建立差异性的模型。
环节三：金属活动性顺序应用	【创设情境】利用金属活动性顺序可以解决废弃盐溶液中回收金属问题。 【金属回收流程模型的建立】引导学生 1、结合金属化学性质的相似性预测反应；同时利用差异性完成物质转化。 2. 建立"量的意识"，结合化学反应方程式，养成落实工业流程中物质成分"表征"为化学式的习惯。	在教师的引导下，合作讨论得出：废弃盐溶液中回收金属流程的模型建立 (1)先加过量的题中出现氢前金属并过滤； (2)向滤渣中加入适量(过量)酸并过滤得到目标金属 注意：圈过量，完成图，达目的。	PPT	经历运用模型分析废弃盐溶液金属回收流程，用金属化学性质分析，完成物质的转化，学会一类问题的解决方法。同时化学在解决环境保护与资源利用过程中作用，凸显化学学科的社会价值。
小结与学习效果检测。	【小结】 1. 一类物质性质的研究范式： 相似性——同类陌生物质性质可预测 差异性——同类物质的鉴别、转化 2. 解决废弃盐溶液中回收金属流程的模型建立	学生谈收获、完成学习效果检测。	学案	领悟类别物质研究的一般范式，关注同类物质的相似性和差异性，体会基于类别研究物质的巨大价值：陌生同类物质性质的可预测；达成教学目标

六、学习效果评价设计

【金属化学性质应用】 解决废弃盐溶液中回收金属问题

处理胶片的废液中含有大量 $AgNO_3$ 和 $Fe(NO_3)_2$，若随意处理会造成严重污染。某同学想从上述的废液中回收金属银，并得到副产品硫酸亚铁溶液。

(1)[设计方案] ①加入比银活泼的金属单质 ②除去金属混合物中的杂质

(2)[小组讨论] 选择加入的金属

甲同学认为：向定影液中加入过量的铜粉；乙同学认为：向定影液中加入过量的铁粉，经过讨论，同学们认为<u>1</u>同学的方案更合理，写出该方案中的化学方程式<u>2</u>。

(3)[进行实验]

过程如下：

步骤①：废弃定影液 $\xrightarrow[\text{操作 a}]{\text{加较活泼金属 X(过量)}}$ 金属混合物 C ＋ 溶液 A

步骤②：金属混合物 $\xrightarrow[\text{操作 a}]{\text{加入试剂 Y(适量)}}$ Ag ＋ 溶液 B

[问题]：金属混合物 C 化学成分：<u>3</u>

溶液 A 化学成分：<u>4</u>

溶液 B 化学成分：<u>5</u>

操作 a 名称：<u>6</u>

结果统计：1、2 空正确率 90%；3、4、5 空正确率超过 85%；有两位同学分析时，落实工业流程中物质成分"表征"为化学式。

七、教学设计特色说明

背诵或记忆某些具体的化学事实性知识，当然是有价值的，但是更重要的价值在于它们是培养学生化学核心素养的载体。本节课尝试结合《课标》要求，达成类别物质研究范式和凸显化学学科的社会价值的教学目标同时，认真分析《金属的化学性质》这节课所能挖掘具体知识所蕴含的化学核心素养，主要用"证据推理与模型认知"这一素养的形成来统领整个教学设计，兼顾实验探究能力、科学精神与社会责任的培养。

阅读教材和教参，深度研究教学内容逻辑关系，摒弃大多数该课题实际教学中经常采用的、可能对学生未来学习化学产生误区的教学设计。注重学生知识形成过程：从金属与酸反应把金属活动性初步分为两大类，结合铁与硫酸铜溶液反应事实，通过验证性实验，可知活动性强的金属能把活动性弱的金属从其对应的盐溶液中置换出来；再用金属与盐溶液能否反应来判断：金属活动性强弱，设计探究性实验得到未知金属活动性强弱，从而形成金属活动性顺序，对教学内容逻辑性关联形成序列化认识。

教学反思

本节课我想让学生体会基于类别研究物质性质的价值，因为学会了类别物质研究范式，就大大扩展了认识物质的范围，遇到陌生物质时，就可以从组成、结构等不同角度确定物质的类别，再和该物质类别的代表物质类比，推测出陌生物质的性质，并通过实验来研究假设的合理性。当然这种类别物质的研究是建立在学生已有的认识物质发展阶段上：从最初学习化学的"识别具体物质阶段"发展到"具体物质研究阶段"，学生对物质的认识能力是分阶段的，不断发展的，我们试图在教学中引导学生从多角度认识物质性质。

基于此，在最初的教学设计中用基于项目学习的方式来组织金属与酸，金属与盐溶液反应的性质新课教学，设计时发现教材内容中巧妙的内在逻辑性关系不能很好体现，难以实施，需要长短课组织教学。所以做了如上的教学设计，在确定教学目标时，我并没有依据经验去设计，而是做了前测，基于数据的分析更具合理性，前测后发现，学生陈述性知识掌握很好，但是事实、证据与合理推测之间形成程序化的结构对近一半学生有难度，例如：学生能顺利的判断并书写某些金属与酸反应的方程式，也熟悉曾经学过的铁与硫酸铜溶液反应事实，但是对金属能与盐溶液发生反应的判断依据作出合理推测就出现较大的障碍，学生依据已有的知识储备，进行合理推测进而提出猜想的能力，是未来教学中不可忽视的问题，反倒是在教学实施过程中，学生设计实验、寻找证据、证明猜想的过程要顺畅些，后者可能是以往教学中关注的更多的原因。(更为巧合的是，在2016年北京市中考题37题(2)写探究实验目的题目失分率较高，考题也在倒逼教学中关注问题的全面性。)

正如前面教学特色说明中提到，这节课的逻辑框架是：基于已有知识和事实进行合理推测—猜想—实验验证—科学结论—应用结论设计探究实验——建立差异性的模型。利用金属的差异性来解决工业生产实际中的问题，并就这一类工业实际问题的分析方法建立一套解决问题的模型，教学过程中发现，学生能在同伴合作与教师的引导下建立解决从废弃的盐溶液中回收金属的模型，可是在用模型分析问题时，只是停留在目标物质的相关反应，而不能对体系中的其他物质做出全面的分析。所以对于多种物质的体系分析时，要培养学生标注的习惯，并且形成有序思维，建立多重关联。简单地概括："把思维深深的藏在脑海中——出问题；把思维写在纸上——出结果"这也是后期教学持续关注问题。

在上完这节课后，感觉到课堂实施过程中，能基本落实设计意图，推进相对顺利，当我重新思考时，可以将教学设计的更加开放、多元具有挑战性，学生的能力比我想象的要强，我想把这节课的教学设计未来尝试另外的教学组织形式：项目式教学，用化学学科的核心素养：证据推理与模型认知、实验探究与创新意识来统领教学设计，选择合适生产、生活素材，用问题解决为导向，自主、合作、探究的学习方式展开金属化学性质的学习。在项目学习的过程中，从知识的形成过程到模型的建立与运用来完成这节课的教学。

专家点评

本节教学设计有以下特色：

一是教学活动设计逻辑性强，从发现金属活动性，到探究金属活动性，再到应用金属活动性解决真实问题，层层递进。尤为可贵的是，这种递进体现出了化学学科核心能力的进阶。发现金属活动性属于概括关联类活动，促进学生学习理解能力的发展；探究金属活动性属于简单设计类活动，促进学生应用实践能力的发展；应用金属活动性设计回收废弃盐溶液中金属的流程，属于复杂推理类活动，促进学生迁移创新能力的发展。这是由于教师在进行教学背景分析时，对教学内容的发展脉络、学生的认识发展脉络，特别是学生认识发展的障碍点做了深入、细致的分析。

二是教学活动落点明确，指向化学学科核心素养的发展。在本节课教学中，学生证据推理与模型认知、实验探究素养得到了充分的发展。特别是通过金属活动性的探究，初步建立了对一类物质性质的认识模型，对于学生后续学习具有重要意义。这是由于教师在进行教学背景分析时，深入分析了核心知识的素养发展价值，建立了核心知识与化学学科核心素养的关联，保证了素养培养目标在教学中的落实。

点评人：支瑶（海淀区教师进修学校副校长）

心理

《做更好的自己》教学设计

北京市海淀区玉泉小学　林　洁

学科：心理健康教育　　学段：第三学段　　年级：五年级　　教材：自编教材

一、指导思想与理论依据

自我意识是指一个人对自己，自己与他人以及自己与周围环境的关系的认识。对于成长中的学生而言，是否有着健康的自我形象和不断趋向成熟的自我意识，对其人格形成和心理发展至关重要。

教育部《中小学心理健康教育指导纲要》指出，根据中小学生生理、心理发展特点和规律，把握不同年龄阶段学生的心理发展任务，运用心理健康教育的知识理论和方法技能，培养中小学生良好的心理素质，促进其身心全面和谐发展。《纲要》着重强调了对中小生"自我意识"的培养，同时在具体实施目标中，特别提到"自我认识"部分，明确指出在小学高年级："帮助学生正确认识自己的优缺点和兴趣爱好，在各种活动中悦纳自己。"

心理学家埃里克森在心理发展八阶段理论中将处于青春期（11—18岁）阶段青少年的心理状态描述为自我统一性和角色混乱之间的冲突，处于这一阶段的个体要面临的一个关键问题是"我是谁"。拥有可靠和整合的特征的个体被认为是达到统一性的，"这种统一性的感觉也是一种不断增强的自信心，一种在过去的经历中形成的内在持续性和同一感（一个人心理上的自我）。如果这种自我感觉与一个人在他人心目中的感觉相称，很明显这将为一个人的生涯增添绚丽的色彩。"（埃里克森，1963年）

二、教学背景分析

（一）学情分析

小学阶段是人的自我意识的客观化时期，尤其在小学高年级，是小学生自我意识的第二个上升期，这时他们能否正确认识与悦纳自我，直接影响着健康个性与健康心理的养成。高年级学生，由于自我认识水平的限制，往往不能客观地评价自己，在自我认识中容易出现偏差：一方面，表现为自我评价的依附性高，以他人的评价来衡量自己；另一方面表现为自我评价的稳定性差，有时因为一件成功的事而无限扩大自己的能力，有时又会因为一时的失败而自卑。不能正确地认识自己、悦纳自己。因此如何更好地了解自己，悦纳自己，并最终塑造出有利于个人和社会的自我对这一学段的学生来说，是很重要的内容。

(二)教学策略

根据心理健康教育课的特点以及学情分析的结果，我以活动和讨论为主线，以多媒体为辅助教学工具，采用故事法、提问讨论法、活动体验法，分享交流法等进行教学。通过一些心理健康的教育活动帮助高年级小学生逐渐掌握内化的行为准则来监督、调节、控制自己的行为，从对自己的表面行为的认识、评价转向对自己的内部品质的更深入评价，有利于小学生自我意识的发展、情绪情感的积极体验，形成健康的心理。在教学过程中激发学生的学习兴趣，调动学生的积极性，使学生在活动中客观的认识自我的优缺点和兴趣爱好，在游戏活动中悦纳自己。学生在生动活泼放松温暖的氛围中得到启发，产生感悟，形成正确的价值观和人生方向。

三、教学目标

1. 教学目标

(1)学会全面客观的认识自我，既看到自己的优点，又看到自己的不足。

(2)培养敢于自我分析的勇气，坦然面对自己的不足，在接纳的基础上改变和成长自己，成为更好的自己。

2. 教学重点：初步掌握认识自我的途径和方法，正确面对自己的限制和不足。

3. 教学难点：客观从容的看待自我评价和别人评价的不一致。

四、教学过程

(一)暖身游戏，感受自我

1. 同学们，上课伊始，先让我们来玩一个"大风刮"的游戏，刮到谁了，谁就起来说一说自己的一个特点，用"我是一个_____的人。"的句式表达(老师带领学生玩游戏，感受自己的独特)。

2. 师：刚才这几位同学说了自己的特点。有句话说，世界上找不到两片相同的叶子，每个人都是独特的。刚才站起来的几位同学除了你说出来的这个特点,你还有什么特点?没有站起来的同学,你有什么特点呢?今天,我们就一起来上一节心理课"做更好的自己"(板书课题)。

【设计意图】通过暖身游戏,巧妙地和本课主题相结合,既让学生集中注意力,排除紧张的情绪,又营造了一种轻松、温暖的氛围,以便学生能放松地展示自己,进入活动。

(二)感悟分享,正视自我

1. 同学们,你们对自己有哪些了解呢?你眼中的自己是怎样的?请拿出卡片,用简单的词写一写自己的特点,写的时候想一想你填写的词,是通过什么事例想到的?可以从相貌、体型、性格、爱好、特长等方面来写(播放音乐,学生自己写)。

2. 下面请同学们以小组为单位接着活动。请你把卡片翻过来,在横线上写上名字,顺时针方向给下一位同学。拿到卡片的同学,用简单的词写出卡片主人留给你印象最深的一两个特点。写的时候想一想是通过什么事例想到的?写完之后,再把卡片传给下一位同学,直到卡片回到主人的手中为止。写的时候注意尽量不要重复,也不要偷看主人自己写的(播放音乐,学生写)。

3. 对比感悟:请你把卡片打开,对比别人眼中的你和你眼中的自己是一样的吗?看过之后,你有什么感受呢?可以选择一个别人给你写的,你感触最深的特点与对方交流。一会儿老师请你把感受与大家分享。

4. 交流分享,关注课堂生成的问题,并及时、恰当地引导。

5. 教师小结:我们每个同学都有很多优点,值得大家欣赏。当我们想到自己有这样的特点,听到别人说我们有优点,我们心里美滋滋的。我们都应该肯定自己,为自己喝彩,加油!同时我们每个人也有一些不足。面对这些,我们该怎么办呢?

【设计意图】通过这一活动,学生先尽情体验伙伴的赞美带来的喜悦,也看到自己的不足。引导学生通过不断丰富自我信息的同时,进一步思考和建构自己。

(三)故事引领,悦纳自我

林老师不仅是心理老师,还是学校的知心姐姐。在整理知心信箱时,发现有同学遇到了苦恼的事情,让我们一起来听听,为小悦和小纳支支招吧!

1. 情景再现:小悦和小纳的苦恼

小悦是班上的文艺委员,是班里的金嗓子,性格活泼开朗,可是每次考试成绩却不理想,她为此特别烦恼。

小纳是一个品学兼优的学生,爱好广泛,乐于助人,可是身材却是又矮又胖，作为一个小男孩儿，感觉特别自卑。

2. 分组讨论：小悦和小纳身上都有不尽人意的地方，如果你是他们，你会怎么办？如果你是他们的朋友，你会怎么样去劝说他们呢？

3. 热线求助：林老师，您好！我是小丽的妈妈，有件事需要向您咨询，您告诉我该怎么办？我家小丽性格内向、特别的敏感，非常在意同学对她的评价；她对班里的同学和自己的伙伴都友好。可是今天放学回家，就坐在沙发上抹眼泪。我问了半天，她才告诉我，原来是她无意中听到了班里的同学说她的坏话，她很伤心！回到家里一直哭，我劝她，她也不听。我实在没有办法，只能向您求助了！请大家给小丽的妈妈出出主意，可以怎样安慰、引导小丽呢？

4. 集体讨论交流后老师小结：一个人的优点有助于成功，但是金无足赤，人无完人，很多的成功人士，他们也不是完美的。让我们一起走近乒乓球世界冠军邓亚萍，看看她是怎么样成功的。（PPT介绍邓亚萍）

她成功的秘决是什么？从她身上你懂得了什么？

教师小结：孩子，在这个世界上，每个人有着不同的缺憾，我们要像邓亚萍那样正确地认识自己，没有自卑，没有气馁，既看到自己的长处，欣赏自己，也能看到自己的短处，勇敢地接受自己的不足和缺点，甚至是缺陷。悦纳自我，让自己活出生命的精彩。

【设计意图】通过情境，提升学生的认识，让学生学会正视自我，把课堂活动与现实生活相结合，让学生懂得要正视自己的不足和如何悦纳自己，为后面的完善自我，做更好的自己，奠定了心理上的基础。

（四）畅谈体会，完善自我

1. 畅谈体会：回到我们自己，有没有过小悦、小纳或者小丽那样的烦忧呢？看看自己手中的卡片，看看自己写出的优点、不足及伙伴给你写出的特点，你有什么新的发现呢？在今后的学习生活中，你打算怎么做？（学生畅谈收获和体会）

2. 通过今天的活动，老师希望同学们能客观地认识自己，坦然面对自己，自信地欣赏自己。每个"我"都很独特，每个"我"的生命都充满阳光，同学们，为做更好的自己，加油！在活动的最后，老师送给大家一首小诗《做最好的一个》，愿这首小诗能带给我，带给你，带给大家更多的启示。（齐读诗歌）

【设计意图】畅谈体会，加深学生对悦纳自我的理解，对完善自我的期待；小诗将活动推向一个高潮，引发学生情感的共鸣。

（五）联系实际，活动延伸

1. 补充"我眼中的自己"，在不断探究和发现自己的过程中丰富内容。

2. 把写有自己名字的卡片更大范围的传递，邀请包括同学、家长、老师、朋友在内的更多的人来为自己写出他们对你的印象和评价，与更多的人就这个话题进行讨论和交流。

【设计意图】尝试用不同的方式去认识和发现独特而又丰富的自己，自主、变通地运用所学方法，更好地去认识和发现自己。

五、教学效果评价

1. 为学生创设一个轻松温暖而又积极的氛围，通过游戏活动、情景展示、故事讲述等方法，老师用更多开放式的提问来促进学生的思考，尊重学生意见，对学生给予充分的肯定。让学生体会和感受到心理课的魅力。

2. 促进学生思考和表达，引导他们把心理健康的积极理念运用到现实的学习生活中，老师注重教学过程中联系学生实际。让学生更全面的认识自己，通过对比及学生遇到的苦恼，思考讨论、榜样引领和示范，最后又回到学生对自己的认识，有了一个新的发现和提升。

六、教学设计特点

1. 活动体验贯穿始终，充分体现学科特点。通过热身游戏、填写卡片、情境再现、故事讲述、小组讨论等一系列活动，让健康、快乐的悦纳自我的积极理念融入活动中，帮助学生客观地认识自己，正视自己的不足，并悦纳自我，完善自我。充分体现心理学科以学生为主体、以活动为核心进行教学的特点。

2. 预设更加充分，关注学情，及时作出评价和引导。课前开展调研，课后进行访谈，关注课堂上学生的学习增值；考虑到学生活动分享过程中可能出现的不同情况，有所准备，关注学生的发言及时回应并积极做出评价；同时，不回避学生回答后生成的问题，及时引导或解决。

3. 对教学主题的内涵挖掘更加深入；将课内教学延伸到课外，与学生的生活结合。引领学生学会真正的悦纳自己，既看到自身的优点长处，又看到限制和不足，坦然面对，做自己能做的，接受不能改变的，避免对学生造成误导。课的结尾布置延展性的"作业"，使学生能够自主、变通地运用所学方法，更好地去认识和发现自己。

教学永远是遗憾的艺术。由于学生年龄的限制，在悦纳自我方面，还缺乏一定的理论高度，乔哈里窗、积极心理学理论怎样在小学课堂上更好地应用，还要不断探究。

教学反思：在经历中学习，在反思后成长

永定路学区、海淀区两轮说课比赛已经结束了，但是其间的那些情节仍不时闪现：高校长的大力支持、尚校长的全程指导、张校长的及时点拨、杨主任和闫主任随时关注、多名同事的支持帮助……让我感受到玉泉小学集体的温暖和无穷力量。经过了多个不眠之夜，应该说现场说课发挥了自己的水平。赛后我思索很久，收获颇多，既有几分收获的喜悦，又有几分莫名的失落。下面我将参加本次说课比赛的体会与反思总结如下：

其一，通过比赛对说课本身有了更深层次的认识和了解。说课和上课不一样，它对老师的要求更高，要说好课需要有一定的理论体系，要讲的不是知识不是方法，而是怎样让学生掌握方法。即不是"what"而是"how"的问题。而且你的教学设计和以前的教学设计相比又有哪些创新，有什么独到之处。说课关键在于说出教什么、怎么教以及为什么这么教三个方面，自然而然，我比赛的说课稿也是围绕此而展开的。同时，说课过程应该思路清晰，逻辑性强，重点突出。教学过程设计不能过于笼统，应说出怎么教的办法以及为什么这么教的依据，怎么安排教学及针对重难点如何突破。说课语言要清晰具有说服力、精简流畅、解说清晰得当，关注课堂教学的手段和预测学生的反应，在有限的时间里向同行及评委们说清楚课，说好课，把课说得有条有理，有理有法，有法有效。

其二，深深体会到"台上一分钟，台下十年功"的含义。此次比赛中锻炼自己，展现自己，更是提升自己。从第一轮学区说课自选主题、进行教学设计、试讲、修改、再试讲、录课、完成说课稿、说课课件、参加学区说课到第二轮海淀区进行网上抽课、准备、设计、试讲、截取教学片段……最终说课。深深体会到作为一名心理学科教师，只有自己肚子里有东西，才能更好地指导学生。心理健康学科活动涉及方方面面，在指导学生的同时，自己的技能是在不断加强的。更加意识到自己急需不断提升。在参加区里比赛的当天，看到一起参加比赛的选手在赛前简单的交流、课件的浏览，让自己震惊，同时看到了差距。这些都需要我今后好好改正，摆正心态，多锻炼、多学习理论知识，多提高，更加努力地去改进不足，完善自己。我相信，台下百分百竭尽全力的十年功，一定能赢回台上最精彩最光辉的一分钟。

其三，教学过程不拘泥于课本的程序。这次说课比赛心理学科只抽取说课的主题而并没有限定具体内容，在进行教学设计时，可以根据自己学生的层次和

需要，根据学生的发展需要和实际情况来设计。教学设计围绕着课程指导纲要来展开，让学生成为课堂活动的主体，让学生真正参与到课堂教学中来。教学的主体是"学生"，教师要"以生为本"，课堂要"以生为主"。备课时设计层层递进的问题与练习，同时在适当的时候给予表扬，让学生一步步体验成功的喜悦，融入轻松、快乐的学习氛围中来。自己在进行课堂设计很关注学生，关注他们的参与、关注他们的体验、关注他们的收获、感悟与存在的问题。学生全程参与教学，包括备课、上课、评价等一系列环节都由学生自己来完成，较好的体现了课程指导纲要的精神。我想，这才完整体现了学生是学习的主人这一真谛。在以后的日常教学中，我也要一如既往努力做到把课堂返还给学生，做好学生的引导者、组织者、合作者。

"三人行，必有我师焉，择其善者而从之，其不善者而改之。"通过这次活动，我看到了自己与其他教师的差距，清晰地认识到了自己的不足，也让我成长了不少。自己通过参加说课比赛感到了压力，我要把它变成一股逼迫自己进步的动力。"心动不如行动"。所有的感悟、所有的收获，只有落实到行动上才会有效。今后我要多学习先进的专业知识，不断给自己充电。用准备公开课的态度去对待每一节课，每一节课都要细心研读教材，把握教学目标，备好学生。做到语言精练，表达准确。教后多反思感悟，积累经验，提高驾驭课堂的能力。

专家点评

首先，《做更好的自己》的教学主题和目标符合《中小学心理健康教育指导纲要(2012修订)》的要求以及小学生心理发展特点和需要。

《纲要》指出小学高年级的心理健康教育的主要包括：帮助学生正确认识自己的优缺点和兴趣爱好，在各种活动中悦纳自己。

小学高年级学生正处于由儿童期向青春期过渡的时期，小学高年级也是学生从小学过渡到中学的重要转折时期。在这一阶段，学生的抽象思维有了一定的发展，理解能力明显提高，也即将面临小升初的学习压力。小学高年级学生已经处于青春前期，随着第二性征的出现，心理方面也会随之而来一些躁动。小学高年级学生还需要为初中阶段学习生活做好准备，社会适应性有待进一步提高。

自我意识是心理健康教育的重要内容。要悦纳自己，首先就要正确认识自己，特别是认识自己的优缺点和兴趣爱好。每个人都是普通人，都会有自己的优点和缺点，关键是要正确认识自己。要懂得发挥自己的优势，改变能改变的，接受不能改变的。伴随青春期的到来，学生会开始关注自己的外貌，在乎别人对自己的看法，但由于他们自身认知上的不成熟，往往会带来一些心理困扰。小学生的自我认识首先是从别人对自己的评价开始的，要帮助学生正确认识自己的优缺点和达到学生悦纳自己的目的，就需要通过心理辅导活动，借助同伴的力量来进行，所以在小学高年级开展以"认识自我、悦纳自我"为主题的心理辅导活动是完全必要的。

其次，《做更好的自己》教学设计各环节意图明确，紧紧围绕教学主题，层层递进，有效达成教学目标。导入环节采用"大风刮"的游戏，在热身的同时，也通过让学生说出自己的一个特点的方法将学生带入教学情境中，学生开始初步进行自我认识的探索。第二阶段让学生在卡片上写出自己的特点，然后再由本组其他同学依次写出卡片主人的特点，并思考问题"看过之后你有什么感受"，让学生通过同学的评价进一步认识自己。第三阶段教师通过带领学生解决学生困惑的案例分析和讲邓亚萍的故事让学生体验和感悟如何正确认识自我和悦纳自我。最后教师通过总结和布置课后作业，不仅强化学生深入理解悦纳自我，且将课上所学及收获延伸至生活实际。

第三，《做更好的自己》针对学生的年龄特点采用形式比较丰富的教学方法，来引发学生学习的兴趣，主动体验，深入思考，分享交流，这些教学活动和方法不仅体现了在课堂中教师的主导性和学生的主体性相结合的原则，更是提高课堂教学有效性的重要策略和方法。学生体验活动是心理活动课最主要的特点，心理课要顺应学生的成长规律，学生的成长则是依赖自身的体验以及在体验中习得的经验，这样的体验才能走进学生的心灵。

点评人：王玉萍（海淀区教师进修学校教研员）

品德与社会

《大家的事情大家做》教学设计

北京市海淀区图强第二小学　杨　静

学科：品德与社会　　学段：第二学段　　年级：四年级　　教材：人教版

一、指导思想与理论依据

帮助学生参与社会、学习做人是课程的核心。

引导学生真正参与到生活中去，增长实践智慧，成长为合格的公民，创造更好的生活。这是大家的事情，需要大家来做。

二、教学背景分析

（一）教材分析

教材中的位置：《大家的事情大家做》选自人教版品社四年级上册，第四单元的最后一课，预设一课时完成。

课程间的联系：纵观四年级上册四个单元，我觉得它们之间的关系是一个名词生发出一系列动词："生命"是基础；拥有生命才能去生活；如何更好的生活；生活中人与人的关系．

课程的落脚点：本课是从"责任"的角度延展前面的内容：伸出爱的手，实践自己可以做的，应该做的事。

（二）学情分析

1. 年龄段共性

四年级学生对"责任"有了一定的认识基础。

但是，三年级的"我的角色与责任"强调的是个体的各种个性角色(学生、游客等)相应的责任，而这里强调的是一种共性角色(社会人)应有的社会关注度和社会责任感。

2. 班级差异性

课前对四年级四个班的118名学生进行问卷和访谈，分析信息，我发现学生在学习本课前的基础是这样的：

(1)概念的局限性——知道"大家"是由一定数量的人群组成的，但是他们更拘泥于家庭、自己认识的小团体，认为只有互相认识的人才可以帮助，所以对于"大家的事"范围也局限在家庭和朋友圈。还不能把"自己"和"社会"联系在一起。

(2)结果的模糊性——学生对于由此带来的好处仅限于：这样做事情完成速度快。

(3)参与的片面性——部分人想知道，为什么"大家的事情大家做"？有的人甚至提出"可以不做吗"，说明在他们的生活经历中，很少参与到大家的事情中，没有感受到大家的事与自己生活的联系。所以，我要让学生——

(4)判断的可塑性——通过最后一道题，很多人认为大家的事情大家做，是"和谐""友善"，看出孩子们心中对"一起做"是有着一个比较美好的期待和价值判断。需要通过我们引导，初步形成社会责任感，产生为他人服务的愿望。但，这也是最难践行的。

(三)教学策略和手段

学法：典型分析法、合作探究法、任务驱动法

教法：以学定教，顺学而导

三、教学目标

1. 教学目标

(1)情感、态度、价值观

①走入社会，提高对社会的关注度，初步形成公共意识。

②初步形成社会责任感，产生为他人服务的愿望。

(2)能力与方法

①通过填写调研报告，走入社会，学习从不同角度观察、比较、获取信息。

②尝试运用搜集整理的信息说明问题，解决问题。

(3)知识与技能

①了解社会是由大家组成的，社会上的事情，要由大家去做。

②知道大家共同努力，做事就容易。

③了解到社会上有很多人，他们愿意为他人和社会提供服务和帮助。

2. 教学重、难点

(1)重点：了解社会是由大家组成的，社会上的事情，要由大家去做。

(2)难点：初步形成社会责任感，产生为他人服务的愿望。

四、教学过程

(一)从"图书角的变化",看"大家的事"(5分钟)

1. 请大家看一组图片,你发现了什么?(课件:一组学校图书墙的图片)
2. 学生观察,自由发言。

预设:图书由凌乱变得整洁有序,许多同学在整理

3. 顺学而导

(1)为什么他们要把图书整理好?(因为图书乱,我们不容易找。有序且整洁,便于我们阅读。)

(2)这些是谁做的?大家是谁?(是你,是我,是他,是每一个同学,认识的,不同班级的。)

(3)引导:你们知道学校的图书墙,该由谁负责整理吗?

(4)思考:让我们再来看看刚才的这几个同学,这不是他们的任务,他们为什么还要这样做?

(5)指名发言

(6)播放采访录音:就这个问题,我采访了一个同学,听听他是怎么说的

(7)说说你的感受

4. 总结:学校是大家共同生活的地方,学校的很多设施我们都可以享用,学校是我们的家,学校的事,就是大家的事,需要大家做。

5. 板书:大家的事情大家做

6. 引导:学习是一种信仰,读书应该走入我们的生活。那么,当你走入社会上的读书场所,看到类似现象,我们该怎么做呢?为什么?

7. 学生回答:大家的事情,我们一起做。

【设计意图】基于学生对于"大家的事"认识的局限性,回望熟悉的生活,初步认识到社会是由大家组成的,大家的事要大家做。

(二)"大家的事"知多少(15分钟)

1. 引导:世界之大,生活之广,我们共同生活的空间有很多,还有哪些事是大家的事?

2. 小组学习,交流自己发现的现象

3. 梳理大家的事

(1)通过调研我们发现社区中一些现象,生活中,这些事情该由谁来做?现在我们通过这个表格梳理一下问题。

(2)学习要求

①四个人一组

②选出生活中最令我们头疼的"社区生活烦恼",把事件名称填在表格中间

③周围的小圈圈,填写这件事该由谁来做

4. 汇报。

5. 引导:刚才我们找到了生活中大家的事,找到了可以做这些事情的人,学到这里,你觉得大家的事,存在于哪里?

6. 总结:社会,由大家组成的,社会上的事是大家的事,大家都有责任,要由大家来做。

7. 板书:社会

【设计意图】从社区生活烦恼入手,提高学生对社会的关注度,在上一环节的基础上,进一步突破教学重点:了解到社会是由大家组成的,社会上的事情由大家去做。

(三)"大家的事"怎么做(10分钟)

1. 过渡:课前,我们都当了回小记者,快把你的发现和大家分享吧

2. 小记者在行动:生活中,哪些事情是集中了大家的力量做的呢?

3. 引导:这些事情,我们小学生可以参与吗?

4. 提问:让我们再看看刚才那张思维导图:想想怎么分工协作,共同完这些大家的事。

5. 学生继续完成思维导图:在"谁"后面自己画出圈,写出具体做的事。

6. 点拨:这些事,大家一起,分散了任务,降解了难度,你觉得会有什么结果?

【设计意图】进一步完善表格,分散任务,降低难度,解决社区生活困惑,也解决了小组合作的问题,在体验中知道"大家共同努力,做事就容易"。

(四)"大家的事"大家做(10分钟)

1. 过渡:其实我们的身边还有这样一些人,他们自己并没有什么困难,但是却不计报酬,自愿为他人和社会提供服务和帮助。

2. 看身边:像这样的志愿者我们身边就有(课件:图书修补者)

3. 音频:孩子的话

4. 看周围:志愿者宣传视频

5. 引导:你的身边是不是也有这样的人?

6. 学生汇报。

7. 引导：你觉得这些志愿者为什么要这么做？板书：责任

8. 如果今天也让你当一回志愿者，你愿意吗——阳光小队公益活动。

(1)有别于社区里的困惑

(2)自由选择一个活动主题，写在爱心卡上

(3)讨论：你们将对这个主题做些什么

9. 倡导：年满14周岁就可以申请加入中国青年志愿者组织了，我们长大了也要当个志愿者。

10. 总结：你我他是一家，正因为有了你的爱心，我的责任心，他的意识，这个家才可以更加和谐温馨。今天的课快结束了，但是我们的阳光小队活动才刚刚开始，让我们从感动自己，感动身边的人开始。行动吧，大家的事情大家做。

【设计意图】从孩子的视角出发，了解到社会上有很多人，他们愿意为他人和社会提供服务和帮助，倡导公益精神，产生为他人服务的愿望。

五、板书设计

大家的事情大家做

社会　　　　责任

六、学习效果评价设计

1. 观察记录：请家长协助，完善课堂上"阳光小队公益计划"，以大事记的形式记录(文字、照片、视频等)。

2. 作品评价：将"阳光小队公益计划"以小队为单位，发挥个人优势合作完成宣传海报。

3. 行为评价：依据上面两个形式的呈现，选出大家最关注的"阳光小队公益计划"，师生走入事件地点，一起看变化。

七、教学设计特色说明

(一)两个支撑点

我借助两个支撑点，解决孩子的困惑，完成教学目标。

一是图书墙。在上课之前，自己只有过去的经历，我用回望的方式，引发思考，拓展经验；让孩子们发现，原来我们不经意的行为，会给大家带来种种不便，只要我们在意了，也会造福社会。重要的是，孩子们透过这一面面图书墙，在回望的过程中，学会了今后应该关注身边的小事，学会奉献，提高生活质量。这就是一个公民的责任和素养。

二是生活中的烦恼。这是孩子们每天都感受到的，我用体验的方式，深入

挖掘，层层探究；逐渐找到生活和课程的结合点，培养孩子的实践智慧。

(二)板书

同样很简单，如同指导思想：人和生活。社会是由大家组成的，大家做，是每个公民的责任。树立公益意识、责任意识。具体怎么做，能不能做好，真的不是一两节课可以解决的，有时，我们过于拘泥于对某个问题的解决方法，而忽略了方向是否正确，我期待孩子们能树立良好意识，逐渐形成自己的意识形态，在生活的大课堂中去磨砺去思考去奉献，这就是成长，也是每一个公民的必修课。

教学反思

一、从教学片段说起

【教学片段】

1. 引导：世界之大，生活之广，我们共同生活的空间有很多，还有哪些事是大家的事？

2. 小组学习，交流发现的现象

(1)交流课前调研表 (2)两人一组

3. 梳理大家的事：

(1)通过调研我们发现社区中一些现象，生活中，这些事情该由谁来做？现在我们通过这个表格梳理一下问题。

(2)学习要求：

①四个人一组

②选出生活中最令我们头疼的"社区生活烦恼"，把事件名称填在表格中间

③周围的小圈圈，填写这件事该由谁来做

4. 汇报。

5. 引导：刚才我们找到了生活中大家的事，找到了可以做这些事情的人，学到这里，你觉得大家的事，存在于哪里？

6. 总结：社会，由大家组成的，社会上的事是大家的事，大家都有责任，要由大家来做。

二、针对课堂片段的分析

课前，孩子们认为"大家的事"，就是"我家的事"，"我们班的事"，大家之间

的互助，就是"认识的人之间的互助"。因为，我帮了你，我自己快乐。当然，这不是什么错误，在这个年龄段，孩子有这些认识，再正常不过了，也是正确的。

但是，他们还不能把"个性"自我的责任，与"共性"的社会人的责任有机相连，看不到自己的奉献，会给社会这个"大家"带来的好处，也看不到"社会"的繁荣，会让自己的生活更加幸福。

找寻"生活中的困惑"，并且把它们梳理成"大家的事"。学生发现，原来大家的事，还不止于此，应该到更加广阔的生活空间，到社会中去寻找。大家的事，就是社会的事。

三、基于以上分析产生的思考

1. 从调研的困惑获得合作的智慧

我之所以设计出上面课堂片段，作出上述的"针对课堂片段的分析"，完全是基于课前的调研，一个是我对学生的访谈；二个是学生回到社区认真的观察记录。

我在学生调研学生的基础上找到他们学习本课的起点和困难；学生在做社区调研的基础上，找到了他们小组探究的基础和立足点。

看来，不论是老师还是学生，不论是成人还是儿童，找到学习的起点，找到探究的根基，是一种智慧。

2. 从过去的生活获得当下的智慧

从过去的生活中，找到与本课的结合点。不论是"图书墙"，还是"生活中的困惑"，都是孩子们真实经历过的，但是从未在意的身边事。此时的回望，是为了思考，让孩子们发现，原来我们不经意的行为，会给大家带来种种不便，而我们在意后的行为，又可以带给所有人便利。

那么我们该如何做？我们该如何奉献自己的一份爱心呢？

重要的是，孩子们透过这一面面图书墙，一个个生活中困惑着大家的事，在回望的过程中，学会了今后应该关注身边的小事，伸出爱的手，提高生活质量。这就是一个公民的责任。

3. 从活动体验中获得实践的智慧

"教生活"的核心素养：培育实践智慧。

世界之大，生活之广。本课，我从学生的视角，抓住上述片段中的一点，层层深入：

第一步：学生到熟悉的生活区域中找寻"生活中的烦恼"

第二步：课上，小组合作把调查报告中的典型困惑，梳理成"大家的事"。

第三步：探究这些"大家的事"该由谁做。

第四步：细化到谁能做什么。

在这个探究过程中，学生感觉到任务分解，难度降低，大家的事大家一起做，可以提高效率，大家都受益。

专家点评

《大家的事情大家做》这一课，旨在培养学生的社会责任意识，愿意参加力所能及的社会公益活动，产生为他人服务的良好愿望。杨静老师设计的这节课，较好地达成了这样的目标。这节课主要有以下几个方面的特点：

1. 诊断发现真实问题

一堂好课的前提和基础是教师能够准确的发现学生的问题。从本节课的题目看，本课教学主要涉及"人"和"事"两个层面。首先要准确的理解"大家"指的是什么人。其次要理解"大家的事"指的是什么样的事。最后指向"怎样才能把大家的事情做好。

杨老师准确地抓住了核心问题，进行了相关的研究。在研究的过程中，能够关注到学生真实现状进行调研，发现学生对问题的理解误区，结合学生的生活实际，有针对性地设计教学，使"学生研究"不再是一纸空谈，这样的教学实效性更强。

2. 关注学生能力培养

《品德与社会课程标准(2011年版)》对学生提出了"学习从不同的角度观察社会事物和现象"、"初步掌握收集、整理和运用信息的能力"等相关方面的能力要求。

本节课教学中，杨老师比较关注学生能力的培养，能够站在学生的视角，层层深入地设计教学，如在"大家的事情知多少"这一教学环节，教师首先布置调查任务，在课堂上组织学生交流，培养了学生观察社会生活的能力，接下来，设计了通过表格梳理问题的环节，培养了梳理提炼信息的能力，最后提问题"你觉得大家的事，存在于哪里？"引发学生的思考，进一步培养学生的思维能力和关注社会生活的能力。

3. 凸显价值引领

本节课教学，日常教学很容易出现的一个问题就是过于关注大家该做哪些事情，怎么做，而忽视问为什么要这样做。杨老师这节课很好地避免了这样的问题,不仅关注"怎么做",更关注引导学生理解为什么要这样做,从一个公民应具有的社会责任和所应承担的义务的角度,诠释了"大家的事情大家做"的真正的意义和内涵,凸显了对学生实现价值引领的学科基本特征。

本节课对于"大家做"这个环节的处理,教师的视野还可以再开阔一些。

点评人:张玉兰(海淀区教师进修学校教研员)

信息技术

《网页的页面布局》教学设计

北京市海淀区图强第二小学　李春雨

学科：信息技术　　学段：第三学段　　年级：六年级　　教材：首师大版

一、指导思想与理论依据

核心素养与课程指导纲要文件中都提出培养学生的信息意识。重点在能自觉、有效地获取、评估、鉴别、使用信息。本课设计中体现为：学生在任务完成过程中能够利用多种渠道多种形式获取任务所需信息，并且依据需求评估信息的关联程度和有效程度，再经过思考与鉴别选择出所需核心信息之后应用到自己的设计当中。

二、教学背景分析

（一）教材分析

本课位于六年级上册第三单元的第11课。北京市海淀区六年级上册的教材中安排了一个单元的课程通过Frontpage 2003完成网站的建立。整个单元任务的完成体现着对信息的获取、评估、鉴别、使用。Frontpage 2003对学生来说是一个新的软件，学生需要具体细致的学习。同时教师对学生的学习起点定位更要准确。

（二）学情分析

本课教学对象为六年级学生。学生对新鲜事物都有着很大探究欲望。在前面的学习中基本养成了自主探究学习的能力，愿意探索勇于尝试。经过几年的学习，在基础知识的学习上，学生已经掌握了Word、PowerPoint软件和网络资源浏览下载的相关知识，并且具备相应的应用能力。在操作的技术上，已经掌握了我们小学阶段的大部分信息技术教学中的技术。

经过对学生的网站作业分析与谈话中得知。在前面的学习中学生已经学习过网站的布局，但由于课时紧张只学习了使用模板对布局进行设置。学生对于网页的布局了解并不是十分清晰，对于常见布局的样式与布局原则没有深入的了解。

三、教学目标

1. 教学目标

（1）知识与技能

通过优秀网页布局设计的分析了解常用样式（T、厂、国、海报等），并根据设计需求对表单进行合理调整。

（2）过程与方法

学生在新知识的探究学习中逐步提升自觉、有效地获取、评估、鉴别、使用信息的能力，从而提升信息素养。

（3）情感、态度与价值观

在优秀网页的对比欣赏中提高学生发现、感知、欣赏、评价美的意识和基本能力。

2. 教学重难点

（1）教学重点：通过优秀网页布局设计的分析了解常用的布局样式（T、厂、国、海报等）。

（2）教学难点：根据设计需求对表单进行合理调整。

四、教学流程图

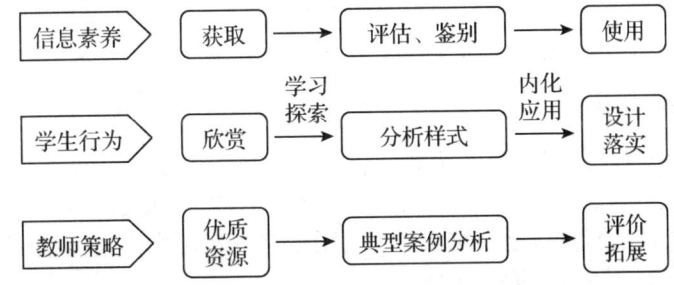

五、教学过程

(一)创设情境，引入新课

1. 提出问题：这是什么？好看么？哪儿好看？为什么？
2. 展示优秀网站的图片。
3. 学生回答问题。（网站首页好看，颜色搭配、背景衬托、排版合理）

(二)新授,探索布局

任务1:了解网页布局的原则和样式。

要求:

1. 使用适合自己的学习方式和途径,了解网页布局的原则和样式。

(学习提示:桌面自学文件包、小组互动、网络等)

2. 小组讨论、分析刚才给出样例网页是什么布局样式。

(学习提示:文件在自学文件包中)

3. 时间限制:10分钟。

【设计意图】通过自主学习使学生了解网页布局的几种基本样式和布局原则。

通过学生从不同途径(自学文件夹、网络)、不同方式(自主探究、小组互助、翻转学习等)的学习过程,使学生"自觉有效地获取、评估、鉴别、使用信息"的能力有所提升。

(三)分析案例

教师展示例网页并由学生分析多种样式的特点以及网页布局的原则。

【设计意图】通过对案例的分析,使学生对基本样式布局的特点有更深入的了解,并梳理布局的原则。要体现网站主题的突出、布局分布的合理、体现个人创意想法等。

通过知识的分享体现学生对所获取的知识信息的内化成果。

(四)构思设计

任务2:网页布局手稿设计

要求:

1. 根据自己网站主题的需求选择合适的网页布局样式进行设计。

2. 可以用平板电脑或草稿纸。

时间限制:5分钟。

【设计意图】通过前面常见布局的设计分析,学生已经在大脑中有了布局的基本概念和模式,在此进行对自己网站页面布局进行有效的设计。为后面实践落实提供参考。

(五)分享构思

学生展示分享自己的设计手稿,并说明自己的设计想法。其他同学对设计进行点评,发现优点,如果有缺点提出合理建议。

评价标准：

1. 是否可以突出网站主题
2. 布局分布是否合理
3. 是否体现个人创意想法

(六) 实践出真知

任务 3：落实设计内容

要求：根据手稿中的页面布局设计，在 frontpage 软件中落实。

(七) 展示评价

实践之后请学生展示自己的网页布局设计。描述使用了哪种布局样式以及为什么使用这种样式。

【设计意图】通过展示和分析，再一次巩固教学重点中的内容。体现学生对今天所获取信息的内化与提升。

(八) 拓展提高，联系生活

1. 提问：请思考在生活中什么地方会使用布局？学生回答。（板报、小报、家具摆放等）
2. 展示图片：公交站牌、广告牌、房屋布局、城市规划布局等。

生活中无处不在布局的设计，优秀的布局设计会使生活变得更便利更美好。希望同学们将学到的布局理念应用到生活中去，感受设计之美。

【设计意图】随着教学环节的推进，学生逐步了解到合理布局安排的重要性。通过对生活中布局理念的拓展让学生进一步体会到布局之美、设计之美。从而提高学生发现、感知、欣赏、评价美的意识和基本能力。

板书设计：

```
        网页的页面布局
   布局样式：      布局原则：
     T 型          主题突出
     厂字型         分布合理
     国字型         体现创意
     口字型
     海报型
```

六、学习效果评价设计

1. 学生在完成任务中的自我评价。

2. 在展示环节中以任务要求为标准的互评。

评价依据：

(1)是否达成设计稿中的内容

(2)是否可以突出网站主题

(3)布局分布是否合理

3. 教师在学生展示中的合理点评和建议。

4. 是否体现个人创意想法

七、教学设计特色说明

1. 关注学生的学习起点与关于本课的最近发展区。

2. 贯穿于整节课的教学环节设计，都以核心素养中信息素养的培养为主线，以教材要求为方向，以学情基础为起点，以学生最近发展区内能达到的程度为目标，在教师的合理引导下进行一系列的任务学习。从而体现以生为本的教育理念。

教学反思

经过本次展示活动的准备和实践，我对本节课进行了反思。下面我将分为教学内容、教学过程及策略进行反思。

一、教学内容

1. 理论渗透方面。核心素养与课程指导纲要文件中都提出培养学生的信息意识。重点在能自觉、有效地获取、评估、鉴别、使用信息。本课设计中体现为：学生在任务完成过程中能够利用多种渠道多种形式获取任务所需信息，并且依据需求评估信息的关联程度和有效程度，再经过思考与鉴别选择出所需核心信息之后应用到自己的设计当中。在实践中通过对学生的观察发现，学生信息素养中的信息获取筛选能力需要更多的提高。以应对在生活中面临的超大数据量问题。

2. 教学目标制定方面。通过教学前测对学生的学情进行了调研：学生对新鲜事物都有着很大探究欲望。在前面的学习中基本养成了自主探究学习的能力，愿意探索勇于尝试。经过几年的学习，在基础知识的学习上，学生已经掌握了 Word、PowerPoint 软件和网络资源浏览下载的相关知识，并且具备了应用它们的能力。在操作的技术上，已经掌握了我们小学阶段的大部分信息技术教学中的技术。经过对学生的网站作业分析与谈话中得知。在前面的学习中学生已经学习过网站的布局,但由于课时紧张只学习了使用模板对布局进行设置。学生对于网页的布局了解并不是十分清晰,对于常见布局的样式与布局原则没有深入的了解。并根据测试结果制定了教学目标。

二、教学过程及策略

1. 本次教学过程设计主要体现信息素养、学生行为、教师策略三驾马车并驾齐驱。学生通过欣赏教师提供优秀作品获取信息,再通过教师引领的典型案例分析对网页布局样式进行深入分析,随后通过评估和鉴别将学到的样式内化应用到自己的设计中,最后完成个性化的网页样式设计。

2. 在引入环节中学生在教师的问题引领下激发了对展示目标的分析需求,进而产生探究欲望。欣赏分析作品的活动提高学生发现、感知、欣赏、评价美的意识和基本能力。但课后对学生的调查反馈中了解到一次的欣赏对审美能力的提升效果并不明显。需要更多的欣赏优秀作品。策略:增加日常中学生对优秀作品欣赏和分析的量。

3. 在新授探索布局环节中学生通过自主学习使学生了解网页布局的几种基本样式和布局原则。通过从不同途径(自学文件夹、网络)、不同方式(自主探究、小组互助、翻转学习等)的学习过程,提高"自觉有效地获取、评估、鉴别、使用信息"的能力。之后通过对案例的分析,对基本样式布局的特点有更深入的了解,并梳理布局的原则。要体现网站主题的突出、布局分布的合理、体现个人创意想法等。通过知识的分享体现学生对所获取的知识信息的内化成果。在实践过程中通过对学生的观察发现学生可以在老师引领下有效的对案例进行分析,但在内化应用层面还有待提高。与学生的谈话了解到学生感觉在10分钟内进行分析和探索有些仓促,希望有更多时间。策略:增加练习时间的同时优化小组合作机制让学有余力的同学充分发挥作用。在后面的教学过程中应该更加关注学生学习过程的引导和指示,使学习过程更高效,信息的筛选更迅速准确。

4. 实践与评价环节中通过前面常见布局的设计分析,学生已经在大脑中有了布局的基本概念和模式,在此进行对自己网站页面布局进行有效的设计。随后学生展示分享自己的设计手稿,并说明自己的设计想法。其他同学对设计进行点评,发现优点,如果有缺点提出合理建议。通过展示和分析,再一次巩固教学重点中的内容并实现学生对今天所获取信息的内化与提升。在评价中以任务要求为标准依据进行的互评使学生对页面布局的要求有了更深的记忆。通过对学生自评和互评文件的分析了解到学生对个人作品满意度高于对互评的满意度。策略：在展示分享过程中让学生充分分析自己的作品，说清设计意图和想法就能让他人更加了解和认可自己的作品，并虚心接受他人的建议。

5. 在拓展环节中学生随着教学环节的推进，逐步了解到合理布局安排的重要性。对生活中布局理念的拓展分析中进一步体会到布局之美、设计之美。从而提高了发现、感知、欣赏、评价美的意识和基本能力。此环节中充分拓展了学生的视野。

专家点评

图强第二小学李春雨老师设计的《网页的页面布局》是小学信息技术六年级网站设计与制作模块的第三课。本教学设计教学环节完整，教学流程清晰，主要优点体现在以下几个方面：

1. 关注学科素养的落实，提升学生获取、加工信息的能力

本课教学设计始终关注学科素养的落实，以"能自觉、有效地获取、评估、鉴别、使用信息"为主线开展教学环节设计，每一个环节注重把信息意识的培养、信息处理能力的提升落到实处。

2. 以学生为中心，提供多种学习途径，开展多种方式的学习

本课为学生提供了桌面自学文件包、网络环境等不同的学习途径，学生自主选择学习途径，开展探究学习，了解网页布局的原则和样式，并在小组讨论中形成观点，梳理网页布局的原则。体验了信息的获取、甄别的过程，提升了信息意识和信息处理的能力。

3. 教学设计遵循三条主线，全面落实教学目标

本课教学过程设计中以信息素养的落实为主线，关注学生行为的变化线（欣赏、分析样式、设计落实），以教师策略线为支撑，有助于教学目标的落实。

点评人：金文（海淀区教师进修学校教研员）